# CODE-MANUEL

## DU

# RECRUTEMENT DE L'ARMÉE

### ET DE LA

# GARDE NATIONALE MOBILE

Imprimerie de Cosse et J. Dumaine, rue Christine, 2.

# CODE-MANUEL

DU

# RECRUTEMENT DE L'ARMÉE

ET DE LA

## GARDE NATIONALE MOBILE

A L'USAGE DES

## FONCTIONNAIRES MUNICIPAUX

ET DES CHEFS DE FAMILLE

———

CONTENANT :

1° Le rapport fait au Sénat par M. Dumas ;
2° La loi du 21 mars 1832, modifiée et annotée ;
3° La loi du 1er février 1868, annotée ;
4° Les dispositions législatives auxquelles se
référent ces deux lois.

## PARIS

## LIBRAIRIE MILITAIRE DE J. DUMAINE

### LIBRAIRE-ÉDITEUR DE L'EMPEREUR

**Rue et passage Dauphine, 30**

———

## 1868

# NOTE PRÉLIMINAIRE.

*Au moment où toutes les familles se préoccupent de la nouvelle législation du recrutement et de la garde nationale mobile, nous avons pensé faire œuvre utile en mettant à leur portée un Manuel contenant le texte annoté des lois du 21 mars 1832 et du 1ᵉʳ février 1868.*

*Ces deux lois se référant à un certain nombre de dispositions du Code Napoléon, du Code pénal et de diverses lois antérieures, les dispositions dont il s'agit ont été reproduites dans notre Manuel. Il offre donc ainsi un ensemble bien complet qui dispensera de recourir à d'autres recueils qu'on ne peut pas toujours se procurer, même dans les grandes villes.*

*Nul doute que l'expérience, avec son autorité sans rivale, ne démontre bientôt les avantages de la nouvelle législation. Mais avant que tous les rouages de cette machine si délicate et si complexe soient mis en jeu et qu'ils aient pro-*

duit leur effet harmonique, il nous a paru nécessaire d'en présenter théoriquement l'économie.

C'est dans ce but que les lois de 1832 et de 1868 sont ici précédées du rapport fait au Sénat par M. Dumas. Ce rapport projette une vive lumière sur toutes les faces de la mesure salutaire que le pays doit à la prévoyance du Gouvernement, au patriotisme des grands corps de l'Etat, et grâce à laquelle l'influence, l'honneur, l'indépendance de la France sont, plus que jamais, à l'abri de toute atteinte.

H. Hennet.

# RAPPORT FAIT AU SÉNAT

## Par M. DUMAS,

*Au nom de la Commission chargée d'examiner la loi sur le recrutement de l'armée et sur l'organisation de la garde nationale mobile (1).*

---

MESSIEURS LES SÉNATEURS,

La loi sur le recrutement de l'armée et sur l'organisation de la garde nationale mobile, après

---

(1) Cette commission était composée de M. le maréchal comte Randon, *président ;* M. Dumas, *rapporteur ;* M. Béhic, *secrétaire ;* MM. le comte Boulay de la Meurthe, le vice-amiral comte Cécille, le premier vice-président Boudet, le général comte de La Rüe, de Goulhot de Saint-Germain, le maréchal Canrobert, le vice-amiral comte Bouët-Willaumez.

Faisaient partie de la commission du Corps législatif qui a rempli la même mission : M. Larrabure, *président ;* M. Gressier, *rapporteur ;* M. Mège, *secrétaire ;* MM. Chesnelong, le marquis de Talhoüet, Chevandier de Valdrôme, du Mirail, de Montagnac, Bartholoni, le baron David, le duc d'Albuféra, le vicomte Reille, West, Fabre, Louvet, le marquis d'Havrincourt, Buffet, le baron de Veauce.

M. l'intendant général Darricau, conseiller d'État, directeur de la comptabilité générale au ministère de la guerre, était chargé de soutenir, en qualité de commissaire du Gouvernement, la discussion du projet de loi, dans laquelle M. le maréchal Niel, Ministre de la guerre, a tenu à honneur d'apporter le concours de sa haute expérience et de ses lumières.

avoir été l'objet de la part du Gouvernement d'une longue élaboration, vient de subir, devant le Corps législatif, une discussion solennelle, en rapport avec son importance et avec les doutes qu'elle avait excités d'abord dans le pays.

L'armée s'en trouvait-elle fortifiée? N'en était-elle point affaiblie, au contraire? Les charges de la population en étaient-elles diminuées? Loin de là, n'en étaient-elles pas accrues, dès à présent et pour toujours? Les changements proposés annonçaient-ils des vues et une ère pacifiques? N'étaient-ils pas plutôt le prélude et comme les préparatifs d'une grande guerre?

Toutes ces questions, le pays les soulève et les agite, dès qu'il s'agit de toucher à la constitution de l'armée. Avant d'examiner de sang-froid les dispositions que le Gouvernement a préparées, en tenant compte des faits du passé, des circonstances du présent et des éventualités de l'avenir, la population se laisse entraîner d'abord par les passions et les partis, et elle en eût écouté peut-être les suggestions en ce moment, si un débat public n'était venu rectifier des impressions que la pratique de la loi ne tardera point d'ailleurs à dissiper complétement.

Le Sénat, appelé à sanctionner cette loi, considérable par sa nature même et par les circonstances au milieu desquelles elle s'est produite, a chargé une commission de dix membres d'en étudier l'esprit et les dispositions et d'en rechercher les conséquences. Chacun des bureaux du Sénat a voulu être représenté dans le sein de la commission par un membre appartenant à l'armée et par un membre de l'ordre civil, afin qu'aucun des intérêts qu'une telle loi peut atteindre ne fût exposé à être méconnu ou négligé.

C'est en se plaçant au point de vue social et politique qui convient à la situation et au rôle du Sénat, que la commission a désigné comme rapporteur le président du conseil général de la Seine, appelé, il est vrai, chaque année, à prendre part aux opérations de la révision d'un contingent nombreux, mais que rien n'aurait préparé à soutenir une telle discussion si elle avait été de nature à revêtir un caractère technique devant cette assemblée.

Aucune loi ne remue autant d'intérêts, ne touche à autant de sentiments intimes et profonds, ne pénètre plus vivement au cœur des populations et au foyer des familles que la loi du recrutement. Elle représente, en effet, pour le jeune homme, ce moment décisif de la vie où il peut être tout à coup éloigné du lieu de sa naissance, séparé de ses parents, enlevé à ses affections, soustrait aux habitudes libres de son travail ou de son loisir, pour être soumis, sans transition, à la règle de la discipline militaire.

Que les familles se troublent lorsque ce moment approche, que mille questions se posent et s'agitent dans les villages ou dans les ateliers dès qu'on y apprend qu'une innovation se prépare dans la loi du recrutement, qui songerait à s'en étonner? A mesure que l'aisance, fruit du travail et de la sécurité, pénètre les couches les plus profondes de la population, que les mœurs s'adoucissent et que les rapports de peuple à peuple se multiplient, tout ne conspire-t-il pas à rattacher le jeune homme aux habitudes de la vie civile et à lui rendre la paix chère et désirable : le bien-être, les liens de la famille, les intérêts commerciaux à l'étranger ?

Lorsqu'on touche à la loi du recrutement, il y

a donc au moins trois cent mille familles en France qui, pendant quelque temps, se demandent chaque année quel effet elles ont subi du changement; en quoi il a nui aux intérêts d'un fils, en quoi il les a servis. Elles supportaient mieux un poids dont elles avaient l'habitude et dont elles connaissaient par expérience l'intensité; elles redoutent l'inconnu que toute loi nouvelle apporte avec elle.

Votre commission a observé cette agitation passagère que le pays a éprouvée. Elle est demeurée convaincue qu'une connaissance plus exacte de la loi et de ses effets la dissiperait; elle en a conclu que le pays avait besoin d'être éclairé. Elle s'est bien gardée d'en conclure que la France, oublieuse de son passé et de son histoire, prise d'une sorte de lassitude, renoncerait au rang que lui ont fait tant de siècles d'une œuvre de lente agglomération de ses provinces, d'efforts soutenus de sa race et de victoires remportées par nos pères.

Non ! Votre commission a pensé, au contraire, que la France comprendrait que son Gouvernement ait été conduit à toucher à la constitution de l'armée, en présence de cette Europe nouvelle, sillonnée de chemins de fer, où les concentrations de troupes à heure fixe sur un point donné, qui exigeaient autrefois les plus rares combinaisons du génie de la guerre, peuvent s'opérer aujourd'hui avec une rapidité foudroyante et sans préparatifs visibles.

Elle a pensé que la France comprendrait aussi que l'intervention plus active de la science dans l'étude minutieuse de la construction et des effets des armes devait réagir sur la composition des armées. L'art de la guerre est entré dans une voie nouvelle ; la puissance formidable des engins dont il dispose, la précision des instruments qu'il met aux mains des soldats, les incalculables ressources que la mécanique, la physique et la chimie, renouvelant les prodiges d'Archimède et du siége de Syracuse, réservent à l'attaque ou à la défense, tout présage qu'à chaque lutte nous sommes destinés à voir surgir quelque perfectionnement imprévu et redoutable dans les procédés de destruction, et à voir modifier en conséquence le rôle, les fonctions et le choix des hommes appelés dans les rangs.

Enfin, comment la France résisterait-elle à accepter l'extension ou l'organisation pratique d'une réserve et d'une garde nationale mobile, demeurées à l'état de projet, quoique instituées par la loi, lorsque les pays qui nous avoisinent, dont nous avons le devoir d'observer avec soin l'organisation militaire, soumettent la population valide tout entière à l'obligation du service militaire ?

Pour chaque loi soumise à sa sanction, le Sénat peut déclarer qu'il ne s'oppose pas à sa promulgation, ou bien la renvoyer à une nouvelle délibération du Corps législatif, ou même déclarer qu'elle ne sera pas promulguée.

Votre commission, s'inspirant des opinions exprimées dans les cinq bureaux du Sénat et de ses propres délibérations, après avoir entendu les organes du Gouvernement appelés dans son sein, a décidé avec conviction et à l'unanimité qu'elle proposerait au Sénat de ne point s'opposer à la promulgation de la loi.

A mesure qu'elle avançait dans son examen et que la discussion, éclairant les divers aspects de la loi, en mettait en relief les traits caractéristiques et en dégageait le principe fondamental, votre commission demeurait de plus en plus certaine, en effet, que cette loi aurait pour résultat d'alléger en temps de paix les charges de la population et d'en ménager les forces et les ressources ; qu'en cas de guerre, elle les rendait disponibles et qu'elle les tenait prêtes sous la main du chef de l'État et des pouvoirs publics pour une action générale et combinée en vue de la défense du territoire.

Elle suppose que le centième de la population pourra être appelé sous les drapeaux. L'expérience a prouvé depuis plusieurs siècles qu'en telle proportion et en temps de paix, l'armée suffit aux besoins intérieurs du pays et que son entretien régulier n'excède ni les forces de la population, ni celle de nos finances.

Comme par le passé, l'armée active se compose, dans les proportions qui résultent des lois de finances et du contingent : 1° de l'effectif entretenu sous les drapeaux ; 2° des hommes qui sont laissés ou envoyés en congé dans leurs foyers.

Mais, tandis que la durée du service était réglée à sept ans par l'art. 30 de la loi du 21 mars 1832, la loi nouvelle, la modifiant profondément, réduit cette durée à cinq années, tant pour l'effectif que pour les hommes en congé.

Beaucoup de patriotiques esprits n'ont pas vu sans émotion cette modification considérable de la durée du séjour du soldat sous les drapeaux. Ils se souviennent que le maréchal Soult, dont la vieille expérience avait tant contribué à reconstituer l'armée française, aurait voulu prolonger le temps du service pendant neuf années et qu'il ne se contentait qu'à regret du régime de la loi de 1832. Cependant, n'est-il pas manifeste que, sans blâmer le passé, il faut que les lois organiques soient faites pour se plier au présent et pour préparer l'avenir ?

Ne faut-il pas convenir que l'état du pays et celui de la population se sont modifiés depuis quarante ans de manière à justifier le changement qu'on propose ? L'éducation du soldat n'est-elle pas plus rapide et par conséquent son emploi profitable plus prompt, depuis que les chemins de fer ont mis en communication les parties les plus délaissées du territoire avec les villes, et depuis que l'instruction primaire a généralisé ses bienfaits ?

Les conscrits que l'armée rallie sous ses drapeaux sauront bientôt, presque tous, lire, écrire et compter. Le nombre des illettrés diminue sans cesse, et celui des soldats à qui leur instruction permet de s'élever à tous les grades s'accroît chaque année.

Aujourd'hui, les jeunes gens de vingt ans ont été presque tous acteurs ou témoins de ces travaux d'ensemble, de ces manœuvres combinées qu'exigent les opérations de terrassements, la création des chemins de fer, l'ouverture des routes, etc.

Ils connaissent par leur expérience propre et personnelle ce que vaut l'emploi des instruments perfectionnés que chaque jour introduit dans la pratique de l'agriculture et des arts. Ils ont vu et manié, non plus le fléau du batteur en grange, comme leurs pères, mais la machine à battre mue par la vapeur.

L'armée se recrute donc de jeunes soldats dont l'intelligence plus ouverte, la mémoire plus exercée, les mouvements plus assouplis, se prêtent de mieux en mieux à comprendre, à se rappeler et à mettre en pratique les formules ou les exercices de l'école du soldat.

Sous le rapport militaire, on peut donc admettre que dès ce moment, ou sous peu de temps du moins, les cinq années actuelles du service actif équivaudront aux sept années de présence sous les drapeaux que l'Etat réclamait de nos soldats dans la période qui touche à son terme.

De son côté, la population ne tardera pas à reconnaître que la durée du service ainsi réduite, non-seulement chaque soldat retrouve pour l'exercice de sa profession deux des meilleures années de la vie, mais aussi que l'ensemble des forces productives du pays et le bon emploi des existences en reçoivent une meilleure assiette.

Un jeune homme de vingt ans qui a déjà pratiqué un état, et qui sait qu'à vingt-cinq ans il lui sera permis de le reprendre, n'aura plus la pensée de l'abandonner, et cherchera plutôt à tirer parti des changements de garnison pour comparer les procédés usités en diverses contrées, les outils et les habitudes de travail qui y sont en usage. Rentré au sein de sa famille, il reportera dans l'atelier ou dans les champs les pratiques qu'il aura observées au loin, et il deviendra ainsi un instrument actif de la diffusion des meilleures méthodes de travail.

Plus on abrége le temps passé loin de l'atelier, plus est grande la chance de voir l'ouvrier y reprendre sa place pour le reste de sa vie active.

Or, à mesure que l'industrie réclame une plus grande partie de la population de la France, n'est-il pas évident que tout bon ouvrier de vingt ans qui, après sept ans passés sous les drapeaux, avait perdu le goût, l'habitude et l'aptitude du travail agricole ou manufacturier, représentait une perte pour la production ?

S'il est nécessaire que l'armée compte un certain nombre de soldats anciens dans les rangs, ce qu'on ne saurait nier, il faut admettre aussi que, pour la plupart, au bout de vingt ou vingt-cinq ans de service, en rentrant dans la vie civile, ils ne sont propres qu'à y occuper de petits emplois. Devenus presque étrangers au village où ils sont nés, à la famille d'où ils sont sortis, c'est en vain qu'ils cherchent le foyer domestique ; il est presque toujours éteint pour eux. Eloignés pendant longtemps des travaux de l'agriculture ou de ceux de l'industrie, ils ne peuvent plus s'y façonner de nouveau.

Le problème à résoudre dans la formation de l'armée consiste donc : 1° à ne détourner des soins de la production la partie de la population qui constitue l'armée active que pendant le temps strictement nécessaire à sa solidité ; 2° à faire rentrer le plus grand nombre des soldats dans leurs foyers assez promptement pour qu'ils n'aient pas encore été déclassés ; 3° à conserver dans les cadres un fonds d'anciens sous-officiers propres à y maintenir les traditions du service.

La nouvelle loi poursuit ce triple objet, et si elle modifie la loi de 1832, c'est toujours dans le sens favorable à l'intérêt des familles.

C'est ainsi qu'en abaissant la taille à 1 m. 55 c., elle donne aux jeunes gens d'une taille élevée quelques chances de plus de ne pas être compris dans le contingent.

Si elle touche à la situation de celui dont le frère sera mort en activité de service, réformé ou admis à la retraite pour blessures reçues ou infirmités contractées à l'armée, c'est pour préciser et étendre les effets de ces causes d'exemption.

Le jeune soldat qui, après son entrée au service, devient aîné d'orphelins, fils unique ou aîné d'une femme veuve ou d'un père aveugle, est renvoyé dans ses foyers sur sa demande.

Le système de l'exonération et des engagements ou rengagements avec prime est abandonné, mais on rétablit les remplacements et les substitutions déterminés par la loi de 1832.

L'administration de la guerre se réserve avec raison le droit et le moyen d'en prévenir les abus par des mesures administratives précises et rigoureuses.

Pour certains esprits absolus, le service militaire devrait être obligatoire, et par conséquent l'exonération, les remplacements, les substitutions sont également repoussés par eux.

Mais quand il s'agit du service militaire, il faut tenir compte dans chaque pays de son histoire, de ses traditions, de ses mœurs, de ses lois civiles, des besoins de son industrie et de son commerce, des conditions générales des familles. Nous ne sommes ni en Angleterre où le service militaire n'est obligatoire pour personne, ni en Prusse, où il l'est pour tous. Nous sommes en France. Notre industrie et notre commerce n'exigent peut-être pas les ménagements extrêmes que la loi anglaise leur accorde ; les procédés absolus de la Prusse leur porteraient un coup funeste. Si la loi du recrutement se place, vis-à-vis de la population, dans cette situation moyenne qui, prenant pour base du renouvellement de l'armée le tirage au sort, accepte les engagements volontaires et favorise les rengagements, c'est que les deux dernières ressources ne suffiraient pas pour remplir les vides produits chaque année par les libérations et que la désignation par le sort doit comporter des adoucissements.

Quel profit le pays trouverait-il à enlever à un agriculteur, à un industriel, à un commerçant, le fils intéressé au succès de leurs affaires, qui les aide à en surveiller les détails et à en gouverner l'administration? Pourquoi s'opposerait-on à ce que leur place dans les rangs fût occupée par un jeune homme moins nécessaire à sa famille, par un instrument moins indispensable à la prospérité du travail d'un nombreux atelier?

Serait-ce bien entendre le progrès général de la force et de la richesse de la nation que d'obliger à servir pendant cinq ans le jeune homme préparé par une longue et difficile éducation à défendre les intérêts du pays dans les rangs de la production, et dont les connaissances spéciales et techniques, inutiles dans les rangs de l'armée, ne pourraient que s'y éteindre sans profit?

Pourquoi, d'un autre côté, éloigner systématiquement de l'armée ces remplaçants, ces substituants qui, entrés au régiment avec une éducation insuffisante ou incomplète, en sortent accoutumés à l'ordre, formés à la discipline, et pourvus de l'instruction positive des écoles régimentaires?

Les difficultés que suscitent les exonérations pourraient être en partie justement appliquées à la nature complexe, délicate et mobile des intérêts que tout système de remplacement met en jeu.

On reproche au système de la loi de 1855 de donner en temps de paix trop de rengagements et en temps de guerre trop d'exonérations. L'effectif en temps de paix s'en trouve augmenté; il en serait diminué en temps de guerre dans une proportion nuisible. Les variations auxquelles on avait assujetti les primes ne suffisaient pas pour maintenir une balance convenable entre les deux éléments, et on a pu voir deux exonérations correspondre presque à un seul engagement ou rengagement, dans le moment même où l'armée aurait eu un sérieux intérêt à conserver tous ses soldats.

Le système du rengagement tel qu'on l'a pratiqué jusqu'ici entraîne d'autres difficultés : les sous-officiers se perpétuent, les cadres s'immobilisent, l'avancement s'arrête, l'émulation s'éteint, le ressort de la partie jeune de l'armée s'affaiblit ; la pépinière des bons officiers sortis des rangs des soldats en deviendrait stérile.

La loi nouvelle conserve aux sous-officiers des avantages suffisants en cas de rengagement pour les déterminer à rester dans l'armée ; elle ne leur offre pas une prime capable de les surexciter sous ce rapport. La durée des services nécessaire pour l'obtention de la retraite demeure fixée à 25 ans et la pension des sous-officiers et soldats reste augmentée de 165 francs.

Sous l'empire de la loi de 1832, le service datait du 1er janvier de l'année du tirage au sort et durait sept ans. Le temps pris par les opérations du tirage au sort, par les travaux des conseils de révision, pouvait éloigner de quelques mois le moment où les jeunes soldats compris dans le contingent étaient appelés sous les drapeaux.

Avec la loi nouvelle, le service date du 1er juillet de l'année du tirage au sort ; mais, au bout de cinq ans passés sous les drapeaux, le jeune soldat entre de droit dans la réserve ; il est renvoyé dans ses foyers, d'où il ne peut plus être rappelé à l'activité qu'en cas de guerre, par décret de l'Empereur et dans des conditions spéciales, prévues par la loi. Sauf les cas de guerre, cas rares et exceptionnels que ni le Gouvernement ni la France n'ont intérêt à faire naître, le service sous les drapeaux, le seul qui pèse réellement sur les populations, est en réalité abrégé d'environ deux ans.

Il est évident qu'en plaçant au 1er juillet l'époque de l'entrée du soldat sous les drapeaux et non plus au 1er janvier, on réalise, au profit de l'agriculture, un avantage considérable, sans nuire à l'armée, bien loin de là.

En effet, le soldat appelé à rejoindre obtient souvent un congé de quelques mois ; à l'approche du congé définitif, la même faveur se répète généralement. Or, s'il doit rejoindre ou être libéré au 1er juillet et qu'il obtienne sa libération en avril ou qu'il soit appelé à rejoindre en octobre, les trois mois qu'on lui accorde correspondent aux mois de labeur pour la campagne.

Placée au 1er janvier, l'époque de l'entrée au régiment ou de la libération ne pouvait, au contraire, en cas de retard ou d'anticipation, donner au soldat la liberté que pendant les mois inactifs de l'hiver.

Mais ce changement ne profite pas seulement à l'agriculture, les conditions générales de l'armée en sont également améliorées ; car la guerre ne commence pas en hiver, et si elle se déclare, il suffira au Gouvernement de retenir dans les rangs les hommes qui, dans l'ancien système, seraient entrés dans la réserve et qu'on aurait dû reprendre à leurs foyers après six mois d'éloignement de l'armée.

Il profite au soldat lui-même, à qui six mois de retard, à cet âge où le corps se développe et se fortifie, assurent des conditions meilleures de résistance aux changements de climat, d'habitudes et de vie qui le surprennent toujours quand il passe de la famille au régiment.

La question du mariage a été si soigneusement examinée par le Corps législatif, qu'il suffit d'énoncer ici le résultat auquel il s'est arrêté.

Sous la loi de 1832, le jeune soldat appelé avait, en moyenne, au 1er janvier de l'année du tirage au sort, 20 ans 1/2. Il ne recouvrait le droit absolu de contracter mariage que sept ans après, à l'expiration de son congé, c'est-à-dire à l'âge moyen de 27 ans 1/2.

Sous la loi nouvelle, le jeune soldat aura 21 ans, en moyenne, au 1er juillet de l'année du tirage au sort ; 26 ans, quand il quittera les drapeaux pour passer dans la réserve, et un an après, c'est-à-dire à 27 ans, il recouvre le droit absolu de se marier. C'est donc un avantage de six mois, dans le cas le plus défavorable, et souvent même d'une année, que lui accorde la nouvelle loi. Sans s'exagérer son importance, il y a sur ce point une amélioration certaine.

Aux termes de la loi nouvelle, la réserve se compose exclusivement des hommes qui ont accompli cinq années de service soit dans la première, soit dans la deuxième portion du contingent.

Les jeunes gens de la deuxième portion du contingent, bien que laissés dans leurs foyers, appartiennent réellement à l'armée active, et peuvent, si les besoins de cette armée l'exigent, être appelés sous les drapeaux, même en dehors de l'état de guerre. Ils sont soumis à des exercices militaires d'instruction, pendant trois mois la première année, et deux mois la seconde année.

Quant aux jeunes soldats sous les drapeaux, renvoyés par anticipation dans leurs foyers avant l'accomplissement des cinq années de leur service actif, ils ne font pas partie de la réserve et n'y entrent que cinq ans après leur inscription dans les cadres de l'armée.

Le service sous les drapeaux réduit à cinq ans, le Gouvernement dispose seulement de cinq contingents, au lieu de sept, pour entretenir l'armée, en temps de paix, à son effectif normal de 400,000 hommes ; la première portion du contingent, celle qui est immédiatement appelée, devra donc être augmentée.

La force du contingent de 1868, par exemple, étant, comme dans les années précédentes, de 100,000 hommes, si on déduit la part attribuée à la marine, qui est de 9,000 hommes, les dispensés, les hommes en congé à titre de soutiens de famille, et les pertes de diverse nature, l'effectif se réduit à 75,000 hommes disponibles pour l'armée de terre.

D'autre part, les 400,000 hommes qui forment l'effectif total de paix de notre armée comprennent un élément constant qui ne se renouvelle pas par la voie des appels et qu'on peut estimer en nombre rond à 95,000 hommes. Ce sont les officiers de tous grades, la gendarmerie, les rengagés, etc. La partie de l'armée qui doit être alimentée au moyen de cinq contingents n'est donc en réalité que de 305,000 hommes, dont un cinquième, soit 63,000 hommes environ, représente le chiffre auquel devra s'élever, chaque année, la première portion du contingent immédiatement appelé sous les drapeaux. Les 12,000 hommes restant formeront la deuxième portion du contingent qui demeure dans ses foyers à la disposition du Gouvernement.

Mais tout le monde sait avec quelle paternité l'armée française est gouvernée par ses chefs, que la pensée de l'Empereur inspire et qui tous aiment le soldat, dont ils partagent les privations, les travaux, les dangers et la gloire. Aussi, lorsque les besoins de l'Etat ne l'exigent pas, voit-on le ministre de la guerre retarder l'entrée sous les drapeaux des appelés, rendre par anticipation les libérés à leurs familles et réduire ainsi le fardeau, non de cet impôt du sang, mais de cet impôt du temps, du patriotisme et de l'honneur, prélevé sur une partie de la jeunesse du pays.

Quant on distrait de l'armée réglée sur le pied de paix et comptant 400,000 hommes les corps ou les hommes qui ne peuvent entrer en ligne, il reste environ 300,000 combattants.

En temps de paix, cette force suffit pour assurer le maintien de l'ordre, le respect de l'autorité, l'obéissance à la loi. En temps de guerre, elle devient impuissante à fournir à la fois les corps nécessaires aux opérations extérieures et les corps qu'exigent la surveillance de l'intérieur ou la défense des frontières.

C'est ainsi qu'après avoir organisé l'armée active, on a dû s'occuper de lui constituer une forte réserve et les appuyer l'une et l'autre sur une garde nationale mobilisable.

La garde nationale mobile n'est point une création de la nouvelle loi; sa nécessité et son existence ont été reconnues par les lois des 22 mars 1831 et 13 juin 1851. En l'organisant aujourd'hui, on se borne donc à remplir les intentions des précédents législateurs, et on fait disparaître du système de notre défense nationale une regret-table lacune.

L'accroissement que la loi nouvelle permet, en effet, de donner, en cas de guerre, à l'effectif ne dépasse pas 120,000 hommes.

En présence des armées dont les autres puissances européennes disposent, il ne suffit plus. Notre armée a besoin de s'appuyer sur une autre force nationale, compacte, solide, organisée, capable de défendre le territoire, d'y garantir l'ordre et la sécurité. Sa présence à l'intérieur donnera à nos troupes régulières toute la liberté de leurs mouvements pour la défense et pour l'attaque. Elle permettra la réunion de tous leurs moyens d'action contre l'ennemi.

Nos populations ont fourni, à des époques mémorables de notre histoire, des preuves d'un patriotisme éclatant, et elles se sont levées avec ardeur pour la défense de la patrie. Mais un gouvernement prévoyant doit leur épargner ces épreuves. Le meilleur procédé pour y parvenir consiste à organiser à l'avance des moyens de défense qui défient toute atteinte.

Soyons invulnérables, et nous pourrons compter sur la modération d'autrui et sur les assurances pacifiques des peuples voisins.

Méfions-nous de ces illusions des amis de la paix, qui nous engageraient à fonder la sécurité du pays sur une théorie. Les protestations, les déclarations de principe, les blâmes véhéments ne suffisent pas pour défendre la frontière, et ne font pas rentrer le sabre de l'ennemi dans le fourreau. Montrez par vos institutions militaires que vous êtes puissants, et par vos institutions politiques qu'il vous est interdit d'entreprendre une guerre injuste, vous serez craints, respectés, et vous n'inspirerez aucune méfiance.

Le service de la garde nationale mobile comprend trois situations : 1° l'état ordinaire ; 2° les vingt jours de la période de formation qui suivent l'appel effectué par décret de l'Empereur ; 3° l'activité déterminée par la loi.

L'effectif de la garde nationale mobile se compose : 1° des jeunes gens qui n'ont pas été compris dans le contingent en raison de leur numéro de tirage ; 2° de ceux qui ont profité des cas d'exemption prévus par les n°s 3, 4, 5, 6 et 7 de l'art. 13 de la loi de 1832 ; 3° de ceux qui se seront fait remplacer dans l'armée ; 4° des volontaires.

De même qu'il faut une loi pour voter le contingent et pour mettre à la disposition du Gouvernement les jeunes soldats que réclament chaque année les besoins de l'armée, de même il en faudra une pour appeler la garde nationale mobile à l'activité ; ce qui signifie que le pays, dans la personne de ses représentants, reste juge des sacrifices ordinaires ou extraordinaires qu'il doit s'imposer pour la sauvegarde de son honneur, de ses intérêts et de sa sécurité.

Il est vrai que les bataillons de garde nationale mobile peuvent être convoqués et réunis, par simple décret de l'Empereur, vingt jours avant la promulgation de la loi d'appel ; mais ce droit reconnu au Chef de l'Etat n'est-il pas impérieusement commandé par les conditions nouvelles, dans lesquelles se fait la guerre aujourd'hui ?

La loi nouvelle n'apporte, en temps de paix, aucun obstacle, aucune restriction aux droits et aux libertés dont les membres de la garde nationale mobile jouissent en leur qualité de citoyens. Mariage, changement de domicile, voyages, rien

ue leur est interdit. La loi compte sur le patriotisme et sur le dévouement de chacun d'eux au
bien public, sur le sentiment de l'honneur du
drapeau et de l'amour du pays, pour contraindre
le garde national mobile à remplir fidèlement les
devoirs moraux qui lui sont imposés. N'en dou-
tons pas, messieurs les sénateurs, ces quelques
jours consacrés aux exercices, cette préparation
à la défense du foyer, cette appréciation d'un devoir visible à remplir, d'un dévouement à manifester, d'un courage à témoigner devant le péril,
tout cela élève les âmes et réveille au fond des
cœurs le sentiment du patriotisme avec celui de
la responsabilité.

Après la promulgation de la loi d'appel, la
garde nationale mobile passe sous le régime militaire. Les officiers, sous-officiers, caporaux et
soldats de la garde mobile reçoivent la même
solde et les mêmes prestations ; acquièrent, le
cas échéant, pour eux-mêmes, ou confèrent à
leurs veuves ou à leurs enfants, les mêmes droits
à la pension ; ils créent à leurs frères puînés les
mêmes titres à l'exemption que s'ils étaient officiers, sous-officiers, caporaux ou soldats dans
l'armée active.

C'est ici le cas de remarquer qu'il deviendra
plus facile d'assurer une retraite utile à un nombre considérable d'officiers et de sous-officiers
qui, après avoir servi dans les rangs de l'armée
active, mettront leur expérience et leurs habitudes de discipline au profit de l'instruction des
hommes de la garde nationale mobile.

Ces situations seront recherchées ; elles per-
mettront de répartir, sur toute la surface du pays,
des officiers instruits, des hommes exercés qui,
familiers bientôt avec toutes les ressources lo-

cales, deviendront, dans chaque point du territoire, de précieux instruments de sécurité et de
défense.

Les jeunes gens de la garde nationale mobile
sont soumis, à moins d'absence légitime :

1° A des exercices qui ont lieu dans le canton
de la résidence ou du domicile ;

2° A des réunions, par compagnie ou par bataillon, qui ont lieu dans la circonscription de la
compagnie ou du bataillon.

Chaque exercice ou réunion ne peut donner
lieu pour les jeunes gens qui y sont appelés qu'à
un déplacement d'une journée.

Ces exercices ou réunions ne peuvent se répéter plus de quinze fois par an.

Sont exemptés des exercices ceux qui justifient
d'une connaissance suffisante du maniement des
armes et de l'école du soldat ; il dépend donc de
chacun d'en diminuer le nombre et la durée par
une préparation préalable à domicile.

Des mesures disciplinaires peuvent atteindre le
garde national mobile qui, présent à son foyer,
voudrait, pour son simple agrément et sans autre motif que son caprice, se soustraire à l'obligation de l'instruction.

La punition que la loi applique à cette faute
est empruntée à la législation concernant la
garde nationale sédentaire ; mais, au lieu d'être
prononcée par un conseil de discipline, elle l'est
par le tribunal correctionnel, sur la plainte de
l'officier ou du sous-officier de la compagnie, vi-
sée par le maire de la commune.

Pendant la durée des exercices et des réunions,
la garde nationale mobile est soumise à la discipline réglée par la loi du 13 juin 1851.

Les dispositions pénales ou répressives, édictées ou rappelées par la nouvelle loi, recevront bien rarement leur application en temps de paix, où les obligations imposées à la garde nationale mobile se réduisent à quinze exercices ou réunions, d'une journée chacune, par an ; mais la loi devait se préoccuper d'une manière spéciale de cette période de vingt jours qui peut s'écouler entre la réunion, par décret de l'Empereur, des bataillons de garde nationale mobile et la présentation de la loi d'appel à l'activité.

Pendant cette période importante, qui accompagnera ou suivra de bien près l'état de guerre, et qui sera consacrée à compléter l'organisation et l'instruction des bataillons de la garde nationale mobile, il était indispensable que ces corps, qui ne seront pas encore soumis aux lois et au régime militaires, fussent du moins régis par une discipline bien déterminée ; c'est ce point surtout que la loi nouvelle a voulu régler.

Ainsi, l'armée active sort de la nation par le tirage au sort, rentre dans la nation par la réserve et s'appuie sur elle par la garde nationale mobile, comme un arbre jeune et vigoureux dont les premières et les secondes racines plongent de plus en plus dans le sol natal et s'imprègnent davantage de ses sucs généreux.

De telles combinaisons de forces ne sont possibles que dans un pays satisfait de ses destinées qui demande à la paix et au travail sa prospérité, mais dont le Chef, toujours d'accord avec l'opinion publique, est sûr d'être écouté, toutes les fois qu'il parlera au nom du droit de la France, d'être suivi toutes les fois qu'il invoquera son honneur.

Le Sénat excusera son rapporteur si, s'attachant, selon les ordres de la commission, aux idées générales qui expliquent le projet de loi, il en a laissé de côté certaines appréciations techniques. Les maréchaux et officiers généraux illustres que le Sénat a réunis dans le sein de la commission, et qu'il compte lui-même parmi ses membres, sont préts et plus autorisés à les exposer ou à les défendre.

La commission a voulu que votre rapporteur, interprète de sa pensée, vînt témoigner hautement de ses convictions en faveur d'une loi qu'elle considère comme une œuvre de haute civilisation, et qui met en harmonie les besoins de la société moderne, savoir : la constitution sérieuse d'une armée permanente, les intérêts respectables des professions libérales, de l'agriculture, de l'industrie et du commerce, le désir de voir la paix maintenue, la ferme volonté de prévenir tout désordre à l'intérieur en temps ordinaire et de répondre, en temps de guerre, victorieusement à toute attaque ou menace de l'étranger.

Les principes de la loi nouvelle peuvent se résumer en quelques mots. Elle fixe la durée du service dans l'armée à 5 ans sous les drapeaux et à 4 ans dans la réserve ; avec la portion de chaque classe qui n'est pas comprise dans le contingent annuel, elle forme une garde nationale mobile où la durée du service est de 5 ans. Ces deux éléments, combinés avec un contingent annuel de 100,000 hommes, donnent, au bout de neuf ans, une armée de 700 à 750,000 hommes, et une garde mobile de près de 500,000 hommes.

Cette loi, dont les effets ne peuvent se manifester pleinement qu'à long terme, n'a aucun caractère agressif ; elle n'est faite ni pour menacer l'étranger, ni pour inquiéter le pays ; elle a pour but une simple question de pondération et d'équilibre, et cherche seulement à mettre, avec le temps, l'état militaire de la France au niveau de celui des puissances qui l'entourent; rien de plus.

Les dispositions en sont calculées en vue de ménager nos populations et nos finances pendant la paix, et à nous préparer d'une manière sûre et calme des moyens d'action puissants pour le cas où la France se verrait dans l'obligation de faire la guerre.

La sagesse et la modération des Etats qui nous entourent rend une telle éventualité peu probable; mais le Gouvernement de l'Empereur devait la prendre en considération, d'autant plus sûr de l'éloigner que les moyens de résistance ou d'attaque de la France seront mieux d'accord avec son rang parmi les puissances de l'Europe et avec son poids dans leurs conseils.

Ainsi, l'armée active dont une partie sous les drapeaux, l'autre dans ses foyers, la réserve, la garde nationale mobile, constituent les quatre éléments de la force militaire de la France. Ils peuvent tous être appelés à concourir à la fois à la défense de sa sécurité, de son droit ou de son honneur; mais, en cas d'appels partiels, ils sont mis successivement en mouvement par le ministre de la guerre, pour le maintien du pied de paix complet de l'armée, par l'Empereur en cas d'urgence, et par la loi en cas de guerre déclarée.

Le pays trouvera dans ces combinaisons le gage de sa force, l'Europe celui de notre modération et de notre désir de nous développer par la paix.

Loin d'introduire des charges plus lourdes, la

oi nouvelle apporte aux exigences du recrutement et du service militaire des adoucissements
réels pour les populations.

Elle n'augmente pas le chiffre du contingent
toujours soumis au vote des représentants du
pays.

Elle élargit et étend les cas d'exemption ;

Elle abrége de deux ans la durée du service
sous les drapeaux ;

Elle maintient la faculté de se libérer du service militaire, non plus par l'exonération, mais
par le remplacement ;

Elle laisse aux hommes de la réserve pleine
liberté de se marier trois ans avant leur libération, et, si elle leur impose l'obligation de repa-
raître sous les drapeaux, c'est seulement en cas
de guerre.

En organisant la garde nationale mobile, elle
se borne à régulariser des dispositions légales
dont le principe n'a jamais été abrogé, et elle les
modère, puisqu'elle n'y comprend que les hommes
de 21 à 26 ans, tandis que la loi fondamentale
de 1831 y comprenait les hommes de 20 à 35 ans;
elle respecte tous leurs droits et toutes leurs libertés, et n'exige d'eux, chaque annéé, en temps
de paix, que le sacrifice de quelques jours nécessaires à leur instruction ; en temps de guerre,
elle leur demande ce que tout Français doit au
pays pour la défense du territoire.

Œuvre de sûreté nationale, cette loi garantit
à la France la durée de sa grandeur et la conser-
vation de son rang.

Œuvre de concorde, elle donne la certitude
qu'en présence de la France forte et satisfaite, la
paix ne sera pas troublée autour d'elle.

Œuvre politique, elle montre à l'Europe l'Empereur et sa dynastie vouant avec calme toutes les forces du pays aux travaux de la paix, sûrs qu'aux jours de péril la nation armée serait prête désormais à se lever pour faire respecter ses droits, ses intérêts ou son honneur, et pour défendre le chef qu'elle s'est donné.

Votre commission a l'honneur de proposer au Sénat de décider : 1° qu'il n'y a pas lieu de renvoyer la loi sur le recrutement de l'armée et sur la garde nationale mobile au Corps législatif pour une nouvelle délibération ; 2° qu'il ne s'oppose point à sa promulgation.

# LOI DU 21 MARS 1832

## ( MODIFIÉE )

### SUR LE

# RECRUTEMENT DE L'ARMÉE [1]

## TITRE I<sup>er</sup>.

### Dispositions générales.

#### ARTICLE 1<sup>er</sup>.

L'armée se recrute par des appels et des engagements volontaires, conformément aux règles prescrites ci-après, titres II et III.

#### ART. 2.

Nul ne sera admis à servir dans les troupes françaises, s'il n'est Français.

Tout individu né en France de parents étrangers sera soumis aux obligations imposées par la présente loi, immédiatement après qu'il aura été admis à jouir du bénéfice de l'art. 9 du Code Napoléon (2).

---

(1) Toutes les modifications introduites par la loi du 1<sup>er</sup> février 1868 dans les art, 4, 13, 15, 30, 33 et 36 de la loi du 21 mars 1832, sont indiquées ici *en caractères italiques*, afin de les rendre plus aisément saisissables.

(2) Art. 9 du Code Napoléon : « Tout individu né en France d'un étranger pourra, dans l'année qui suivra l'époque de sa majorité, réclamer la qualité de Français, pourvu que, dans le cas où il résiderait en France, il déclare que

Sont exclus du service militaire, et ne pourront, à aucun titre, servir dans l'armée :

1° Les individus qui ont été condamnés à une peine afflictive ou infamante (1) ;

2° Ceux condamnés à une peine correctionnelle de deux ans d'emprisonnement et au-dessus, et qui, en outre, ont été placés, par le jugement de condamnation, sous la surveillance de la haute police et interdits des droits civiques, civils et de famille (2).

---

son intention est d'y fixer son domicile, et que dans le cas où il résiderait en pays étranger, il fasse sa soumission de fixer en France son domicile, et qu'il l'y établisse dans l'année, à compter de l'acte de soumission. »

(1) En matière criminelle, les peines sont ou afflictives et infamantes, ou seulement infamantes. Les peines afflictives et infamantes sont, indépendamment de la mort : les travaux forcés à perpétuité ; la déportation ; les travaux forcés à temps ; la détention ; la réclusion. Les peines infamantes sont : le bannissement ; la dégradation civique. (Code pénal, art. 6, 7 et 8.)

(2) Les droits civiques, civils et de famille sont : 1° le droit de vote et d'élection ; 2° d'éligibilité : 3° d'être appelé ou nommé aux fonctions de juré ou autres fonctions publiques, ou aux emplois de l'administration, ou d'exercer ces fonctions ou emplois ; 4° de port d'armes ; 5° de vote et de suffrage dans les délibérations de famille ; 6° d'être tuteur, curateur, si ce n'est de ses enfants et sur l'avis seulement de la famille ; 7° d'être expert ou employé comme témoin dans les actes ; 8° de témoignage en justice, autrement que pour y faire de simples déclarations. (Code pénal, art. 4?.)

### ART. 3.

L'armée se compose, dans les proportions qui résultent des lois annuelles de finances et du contingent :

1° De l'effectif entretenu sous les drapeaux ;

2° Des hommes qui sont laissés ou envoyés en congé dans leurs foyers.

## TITRE II.

## Des appels.

### ART. 4. (1).

Le tableau de la répartition, entre les départements, du nombre d'hommes à fournir en vert de la loi annuelle du contingent, pour les troupes de terre et de mer, sera annexé à ladite loi.

*Les premiers numéros sortis au tirage au sort déterminé par l'article suivant formeront le contingent des troupes de mer (2).*

Le mode de cette répartition sera fixé par la même loi.

### ART. 5.

Le contingent assigné à chaque canton sera fourni par un tirage au sort entre les jeunes

---

(1) Article modifié par la loi du 1er février 1868 (art. 1er).

(2) Paragraphe introduit par la loi du 1er février 1868.

Français qui auront leur domicile légal dans le canton, et qui auront atteint l'âge de vingt ans révolus dans le courant de l'année précédente.

ART. 6.

Seront considérés comme légalement domiciliés dans le canton :

1° Les jeunes gens, même émancipés, engagés, établis au dehors, expatriés, absents ou détenus, si d'ailleurs leurs père, mère ou tuteur, ont leur domicile dans une des communes du canton, ou s'ils sont fils d'un père expatrié qui avait son dernier domicile dans une desdites communes ;

2° Les jeunes gens mariés dont le père, ou la mère, à défaut de père, sont domiciliés dans le canton, à moins qu'ils ne justifient de leur domicile réel dans un autre canton ;

3° Les jeunes gens mariés et domiciliés dans le canton, alors même que leur père ou leur mère n'y seraient pas domiciliés ;

4° Les jeunes gens nés et résidant dans le canton qui n'auraient ni leur père, ni leur mère, ni tuteur ;

5° Les jeunes gens résidant dans le canton qui ne seraient dans aucun des cas précédents, et qui ne justifieraient pas de leur inscription dans un autre canton.

ART. 7.

Seront, d'après la notoriété publique, considérés comme ayant l'âge requis pour le tirage, les jeunes gens qui ne pourront produire ou n'auront pas produit avant le tirage un extrait des registres de l'état civil constatant un âge différent, ou qui, à défaut de registres, ne pourront prouver ou n'auront pas prouvé leur âge, conformément à l'art. 46 du Code Napoléon (1).

Ils suivront la chance du numéro qu'ils auront obtenu.

ART. 8.

Les tableaux de recensement des jeunes gens du canton soumis au tirage d'après les règles précédentes seront dressés par les maires :

1º Sur la déclaration à laquelle seront tenus les jeunes gens, leurs parents ou tuteurs ;

2º D'office, d'après les registres de l'état civil, et tous autres documents ou renseignements.

Ils seront ensuite publiés et affichés dans chaque commune et dans les formes prescrites par les art. 63 et 64 du Code Napoléon (2).

Un avis publié dans les mêmes formes indi-

---

(1) Art. 46 du Code Napoléon : « Lorsqu'il n'aura pas existé de registres (de l'état civil), ou qu'ils seront perdus, la preuve en sera reçue tant par titres que par témoins ; et, dans ces cas, les mariages, naissances et décès pourront être prouvés tant par les registres et papiers émanés des père et mère décédés, que par témoins. »

(2) Ces articles concernent les publications de mariage.

« L'officier de l'état civil, » dit l'art. 63, « fera deux publications à huit jours d'intervalle, un jour de dimanche, devant la porte de la maison commune. Ces pu-

3

quera les lieu, jour et heure où il sera procédé à l'examen desdits tableaux, et à la désignation par le sort du contingent cantonal.

### ART. 9.

Si, dans l'un des tableaux de recensement des années précédentes, des jeunes gens ont été omis, ils seront inscrits sur le tableau de l'année qui suivra celle où l'omission aura été découverte, à moins qu'ils n'aient trente ans accomplis.

### ART. 10.

Dans les cantons composés de plusieurs communes, l'examen des tableaux de recensement et le tirage au sort auront lieu au chef-lieu de canton, en séance publique, devant le sous-préfet, assisté des maires du canton. Dans les communes qui forment un ou plusieurs cantons, le sous-préfet sera assisté du maire et de ses adjoints.

Le tableau sera lu à haute voix. Les jeunes

---

blications, et l'acte qui en sera dressé, énonceront les prénoms, noms, professions et domiciles des futurs époux, leur qualité de majeurs ou de mineurs, et les prénoms, noms, professions et domiciles de leurs pères et mères. Cet acte énoncera, en outre, les jours, lieux et heures où les publications auront été faites... »

L'art. 64 porte : « Un extrait de l'acte de publication sera et restera affiché à la porte de la maison commune, pendant les huit jours d'intervalle de l'une à l'autre publication... »

gens, leurs parents ou ayants cause, seront entendus dans leurs observations. Le sous-préfet statuera après avoir pris l'avis des maires. Le tableau rectifié, s'il y a lieu, et définitivement arrêté, sera revêtu de leurs signatures.

Dans les cantons composés de plusieurs communes, l'ordre dans lequel elles seront appelées pour le tirage sera, chaque fois, indiqué par le sort.

### ART. 11.

Le sous-préfet inscrira en tête de la liste du tirage les noms des jeunes gens qui se trouveront dans les cas prévus par le second paragraphe de l'art. 38 ci-après.

Les premiers numéros leur seront attribués de droit. Ces numéros seront, en conséquence, extraits de l'urne avant l'opération du tirage.

### ART. 12.

Avant de commencer l'opération du tirage, le sous-préfet comptera publiquement les numéros déposés dans l'urne; et, après s'être assuré que ce nombre est égal à celui des jeunes gens appelés à y concourir, il en fera la déclaration à haute voix.

Aussitôt après, chacun des jeunes gens appelés dans l'ordre du tableau prendra dans l'urne un numéro qui sera immédiatement proclamé et inscrit. Les parents des absents, ou, à leur défaut, le maire de leur commune, tireront à leur place.

L'opération du tirage achevée sera définitive :

elle ne pourra, sous aucun prétexte, être recommencée, et chacun gardera le numéro qu'il aura tiré.

La liste, par ordre de numéros, sera dressée au fur et à mesure du tirage. Il y sera fait mention des cas et des motifs d'exemption ou de déduction que les jeunes gens, ou leurs parents, ou les maires des communes, se proposeront de faire valoir devant le conseil de révision dont il sera parlé ci-après. Le sous-préfet y ajoutera ses observations.

La liste du tirage sera ensuite lue, arrêtée et signée de la même manière que le tableau de recensement, et annexée avec ledit tableau au procès-verbal des opérations. Elle sera publiée et affichée dans chaque commune du canton.

ART. 13 (1).

Seront exemptés, et remplacés dans l'ordre des numéros subséquents, les jeunes gens que leur numéro désignera pour faire partie du contingent, et qui se trouveront dans un des cas suivants, savoir :

1° Ceux qui n'auront pas la taille d'un mètre cinquante-*cinq* centimètres (2) ;

---

(1) Article modifié par la loi du 1er février 1868 (art. 1er).

(2) La loi du 21 mars 1832 portait primitivement *un mètre cinquante-six centimètres*. Celle du 1er février 1868 n'a pas modifié le minimum de la taille des remplaçants et des engagés volontaires. Voir les art. 19 (page 50) et 32 (page 58).

2° Ceux que leurs infirmités rendront impropres au service ;

3° L'aîné d'orphelins de père et de mère ;

4° Le fils unique, ou l'aîné des fils, ou, à défaut de fils ou de gendre, le petit-fils unique ou l'aîné des petits-fils d'une femme actuellement veuve, ou d'un père aveugle, ou entré dans sa soixante et dixième année ;

Dans les cas prévus par les paragraphes ci-dessus notés 3° et 4°, le frère puîné jouira de l'exemption, si le frère aîné est aveugle ou atteint de toute autre infirmité incurable qui le rende impotent ;

5° Le plus âgé de deux frères appelés à faire partie du même tirage, et désignés tous deux par le sort, si le plus jeune est reconnu propre au service ;

6° Celui dont un frère sera sous les drapeaux à tout autre titre que pour remplacement ;

7° Celui dont un frère sera mort en activité de service, ou aura été réformé, ou admis à la retraite, pour blessures reçues dans un service commandé, ou infirmités contractées dans les armées de terre ou de mer.

*L'exemption accordée conformément soit au n° 6, soit au n° 7 ci-dessus, ne sera appliquée qu'à un seul frère pour un même cas, mais elle se répétera dans la même famille autant de fois que les mêmes droits s'y reproduiront.*

*Seront néanmoins comptées en déduction des-*

*dites exemptions, les exemptions déjà accordées aux frères vivants, en vertu des n[os] 1, 3, 4 et 5 du présent article (1).*

Le jeune homme omis qui ne se sera pas présenté par lui ou ses ayants cause, pour concourir au tirage de la classe à laquelle il appartenait, ne pourra réclamer le bénéfice des exemptions indiquées par les n[os] 3, 4, 5, 6 et 7 du présent article, si les causes de ces exemptions ne sont survenues que postérieurement à la clôture des listes du contingent de sa classe.

*Les causes d'exemption prévues par les n[os] 3, 4, 5, 6 et 7 ci-dessus devront, pour produire leur effet, exister au jour où le conseil de révision est appelé à statuer.*

*Celles qui surviendront entre la décision du conseil de révision et le 1er juillet, point de départ de la durée du service de chaque contingent, ne modifieront pas la position légale des jeunes gens désignés pour en faire définitivement partie.*

---

(1) Ces deux paragraphes étaient ainsi libellés dans le texte primitif de la loi du 21 mars 1832 :

« L'exemption accordée conformément aux n[os] 6 et 7 ci-dessus, sera appliquée dans la même famille autant de fois que ces droits s'y reproduiront.

« Seront comptées néanmoins en déduction desdites exemptions, les exemptions déjà accordées aux frères vivants, en vertu du présent article, à tout autre titre que pour infirmité. »

*Néanmoins, l'appelé qui, postérieurement soit à la décision du conseil de révision, soit au 1ᵉʳ juillet, deviendra l'aîné d'orphelins de père et de mère, le fils unique ou l'aîné des fils, ou, à défaut du fils ou du gendre, le petit-fils unique ou l'aîné des petits-fils d'une femme veuve ou d'un père aveugle, sera, sur sa demande et pour le temps qu'il a encore à servir, assimilé au militaire de la réserve, et ne pourra plus être rappelé qu'en temps de guerre (1).*

ART. 14.

Seront considérés comme ayant satisfait à l'appel et comptés numériquement en déduction du contingent à former, les jeunes gens désignés par leur numéro pour faire partie dudit contingent qui se trouveront dans l'un des cas suivants :

1° Ceux qui seraient déjà liés au service dans les armées de terre ou de mer, en vertu d'un engagement volontaire, d'un brevet ou d'une commission, sous la condition qu'ils seront, dans tous les cas, tenus d'accomplir le temps de service prescrit par la présente loi ;

2° Les jeunes marins portés sur les registres matricules de l'inscription maritime, conformément aux règles prescrites par les art. 1, 2, 3, 4 et

---

(1) Les trois derniers paragraphes ont été ajoutés à cet article par la loi du 1ᵉʳ février 1868.

5 de la loi du 25 octobre 1795 (3 brumaire an IV), et les charpentiers de navire, perceurs, voiliers et calfats immatriculés, conformément à l'article 44 de ladite loi (1) ;

---

(1) Loi du 25 octobre 1795 (3 brumaire an IV), concernant l'inscription maritime :

Art. 1er « Il y aura une inscription particulière des citoyens français qui se destineront à la navigation. »

Art. 2. « Sont compris dans l'inscription maritime : 1° Les marins de tout grade et de toute profession naviguant dans l'armée navale ou sur les bâtiments de commerce ; 2° ceux qui font la navigation ou la pêche de mer sur les côtes, ou dans les rivières jusqu'où remonte la marée ; et pour celles où il n'y a pas de marée, jusqu'à l'endroit où les bâtiments de mer peuvent remonter ; 3° ceux qui naviguent sur les pataches, allégés, bateaux et chaloupes dans les rades et dans les rivières, jusqu'aux limites ci-dessus indiquées. »

Art. 3. « Tout citoyen qui commence à naviguer ne pourra s'embarquer ni être employé sur les rôles d'équipage d'un bâtiment de la République ou du commerce, que sous la dénomination de *mousse*, depuis l'âge de dix ans jusqu'à quinze ans accomplis, et sous celle de *novice* au-dessus de ce dernier âge. Néanmoins, tout mousse ou novice qui, ayant navigué pendant six mois dans l'une de ces deux qualités, aura en outre satisfait à l'examen prescrit, sera employé sous la dénomination *d'aspirant de la dernière classe.* »

Art. 4. « Il sera donné connaissance des diverses dispositions de la présente loi à tout citoyen commençant à naviguer, et il sera inscrit sur un rôle particulier. »

Art. 5. « Sera compris dans l'inscription maritime tout

3° Les élèves de l'Ecole polytechnique, à condition qu'ils passeront, soit dans ladite école, soit dans les services publics, un temps égal à celui fixé par la présente loi pour le service militaire ;

4° Ceux qui, étant membres de l'instruction publique, auraient contracté, avant l'époque déterminée pour le tirage au sort, et devant le conseil de l'Université, l'engagement de se vouer à la carrière de l'enseignement.

------

citoyen âgé de dix-huit ans révolus qui, ayant rempli une des conditions suivantes, voudra continuer la navigation ou la pêche : 1° d'avoir fait deux voyages de long cours ; 2° d'avoir fait la navigation pendant dix-huit mois ; 3° d'avoir fait la petite pêche pendant deux ans ; 4° d'avoir servi pendant deux ans en qualité d'apprenti marin. A cet effet, il se présentera, accompagné de son père ou de deux de ses plus proches parents ou voisins, au bureau de l'inscription de son quartier, où il lui sera donné connaissance des lois et règlements qui déterminent les obligations et les droits des marins inscrits. »

Art. 44. « Les charpentiers de navires, perceurs, calfats, voiliers, poulieurs, tonneliers, cordiers et scieurs de long, exerçant leur profession dans les ports et lieux maritimes, et non inscrits comme marins, seront appelés dans les ports militaires, dans les cas de guerre, de préparatifs de guerre, ou de travaux extraordinaires ou considérables. Il en sera tenu un enregistrement particulier dans les bureaux de l'inscription, et ils seront dispensés de toutes autres réquisitions que celles relatives au service de la marine. »

La même disposition est applicable aux élèves de l'Ecole normale centrale de Paris, à ceux de l'Ecole dite *de Jeunes de langue,* et aux professeurs des institutions impériales des sourds-muets (1) ;

---

(1) Cette disposition a été étendue par l'art. 79 de la loi du 15 mars 1850 et par l'art. 18 de la loi du 10 avril 1867, ainsi conçus :

Art. 79 de la loi du 15 mars 1850 : « Les instituteurs adjoints des écoles publiques, les jeunes gens qui se préparent à l'enseignement primaire public dans les écoles désignées à cet effet, les membres ou novices des associations religieuses vouées à l'enseignement et autorisées par la loi, ou reconnues comme établissements d'utilité publique, les élèves de l'Ecole normale supérieure, les maîtres d'étude, régents et professeurs des colléges et lycées, sont dispensés du service militaire, s'ils ont, avant l'époque fixée pour le tirage, contracté, devant le recteur, l'engagement de se vouer, pendant dix ans, à l'enseignement public, et s'ils réalisent cet engagement. »

Art. 18 de la loi du 10 avril 1867 : « L'engagement de se vouer pendant dix ans à l'enseignement public, prévu par l'art. 79 de la même loi (*celle du 15 mars* 1850 ) peut être réalisé, tant par les instituteurs que par leurs adjoints, dans celles des écoles mentionnées à l'article précédent (*Voir ci-après le texte de cet article* ) qui sont désignées, à cet effet, par le ministre de l'instruction publique, après avis du conseil départemental. L'engagement décennal peut être contracté, avant le tirage, par les instituteurs adjoints des écoles désignées ainsi qu'il vient d'être dit. — Sont applicables à ces mêmes écoles les dispositions de l'art. 34 de la loi

5° Les élèves des grands séminaires, régulièrement autorisés à continuer leurs études ecclésiastiques ; les jeunes gens autorisés à continuer leurs études pour se vouer au ministère dans les autres cultes salariés par l'Etat, sous la condition, pour les premiers, que s'ils ne sont pas entrés dans les ordres majeurs à vingt-cinq ans accomplis, et pour les seconds, que s'ils n'ont pas reçu la consécration dans l'année qui suivra celle où ils auraient pu la recevoir, il seront tenus d'accomplir le temps de service prescrit par la présente loi ;

6° Les jeunes gens qui auront remporté les grands prix de l'Institut et de l'Université.

Les jeunes gens désignés par leur numéro pour faire partie du contingent cantonal, et qui en auront été déduits conditionnellement, en exécution des n<sup>os</sup> 1, 3, 4 et 5 du présent article, lorsqu'ils cesseront de suivre la carrière en vue de laquelle ils auront été comptés en déduction du contingent, seront tenus d'en faire la déclaration au maire de leur commune dans l'année où ils auront

de 1850 concernant la fixation du nombre des adjoints, ainsi que le mode de leur nomination et de leur révocation. »

Loi du 10 avril 1867, art. 17 : « Sont soumises à l'inspection comme les écoles publiques, les écoles libres qui tiennent lieu d'écoles publiques, aux termes du quatrième paragraphe de l'art. 36 de la loi de 1850, ou qui reçoivent une subvention de la commune, du département ou de l'Etat. »

cessé leurs services, fonctions ou études, et de retirer expédition de leur déclaration.

Faute par eux de faire cette déclaration, et de la soumettre au visa du préfet du département dans le délai d'un mois, ils seront passibles des peines prononcées par le premier paragraphe de l'art. 38 de la présente loi.

Ils seront rétablis dans le contingent de leur classe, sans déduction du temps écoulé depuis la cessation desdits services, fonctions ou études, jusqu'au moment de la déclaration.

ART. 15 (1).

Les opérations du recrutement seront revues, les réclamations auxquelles ces opérations auraient pu donner lieu seront entendues, et les causes d'exemption et de déduction seront jugées, en séance publique, par un conseil de révision composé :

*Du préfet, président, ou, à son défaut, du secrétaire général ou du conseiller de préfecture délégué par le préfet (2) ;*

D'un conseiller de préfecture ;

---

(1) Article modifié par la loi du 1er février 1868 (art. 1er).

(2) Paragraphe modifié par la loi du 1er février 1868. Le texte primitif portait : « Du préfet, président, ou, à son défaut, du conseiller de préfecture qu'il aura délégué. »

D'un membre du conseil général du département ;

D'un membre du conseil d'arrondissement, tous trois à la désignation du préfet ;

D'un officier général ou supérieur désigné par l'Empereur.

Un membre de l'intendance militaire assistera aux opérations du conseil de révision : il sera entendu toutes les fois qu'il le demandera, et pourra faire consigner ses observations aux registres des délibérations.

Le conseil de révision se transportera dans les divers cantons ; toutefois, suivant les localités, le préfet pourra réunir dans le même lieu plusieurs cantons pour les opérations du conseil.

Le sous-préfet, ou le fonctionnaire par lequel il aurait été suppléé pour les opérations du tirage, assistera aux séances que le conseil de révision tiendra dans l'étendue de son arrondissement.

Il y aura voix consultative.

## ART. 16.

Les jeunes gens qui, d'après leurs numéros, pourront être appelés à faire partie du contingent, seront convoqués, examinés et entendus par le conseil de révision.

S'ils ne se rendent point à la convocation, ou s'ils ne se font pas représenter, ou s'ils n'obtiennent pas un délai, il sera procédé comme s'ils étaient présents.

Dans les cas d'exemption pour infirmités, les gens de l'art seront consultés.

Les autres cas d'exemption ou de déduction seront jugés sur la production de documents authentiques, ou, à défaut de documents, sur des certificats signés de trois pères de famille, domiciliés dans le même canton, dont les fils sont soumis à l'appel ou ont été appelés. Ces certificats devront, en outre, être signés et approuvés par le maire de la commune du réclamant.

### ART. 17.

Le conseil de révision statuera également sur les substitutions de numéros et les demandes de remplacement (1).

### ART. 18.

Les substitutions de numéros sur la liste cantonale pourront avoir lieu, si celui qui se présente à la place de l'appelé est reconnu propre au service par le conseil de révision.

### ART. 19.

Les jeunes gens compris définitivement dans le contingent cantonal pourront se faire remplacer.

---

(1) Ce mode de remplacement, supprimé par l'art. 10 de la loi du 26 avril 1855, relative à la dotation de l'armée, a été rétabli par l'art. 2 de la loi du 1er février 1868, qui a remis expressément en vigueur les art. 17, 18, 19, 20, 21, 22, 23, 24, 28 et 29 de la loi du 21 mars 1832.

— 51 —

Le remplacement ne pourra avoir lieu qu'aux conditions suivantes :

Le remplaçant devra :

1° Être libre de tout service et obligations imposés, soit par la présente loi, soit par celle du 25 octobre 1795 sur l'inscription maritime (1) ;

2° Être âgé de vingt à trente ans au plus, ou de vingt à trente-cinq, s'il a été militaire, ou de dix-huit à trente, s'il est frère du remplacé ;

3° N'être ni marié, ni veuf avec enfants ;

4° Avoir au moins la taille d'un mètre cinquante-six centimètres (2), s'il n'a pas déjà servi dans l'armée, et réunir les autres qualités requises pour faire un bon service ;

5° N'avoir pas été réformé du service militaire ;

6° Suivant sa position, être porteur des certificats spécifiés dans les articles 20 et 21 ci-après.

### ART. 20.

Le remplaçant produira un certificat délivré par le maire de la commune de son dernier domicile. Si le remplaçant ne compte pas au moins une année de séjour dans cette commune, il sera tenu d'en produire également un autre du maire de la commune ou des maires des communes où

---

(1) Voir la note de la page 44.

(2) La loi du 1er février 1868 n'a pas modifié le minimum de la taille des remplaçants, qui a été abaissé à 1m 55 pour les jeunes soldats. Voir l'art. 13, page 40.

il aura été domicilié pendant le cours de cette année.

Les certificats devront contenir le signalement du remplaçant et attester :

1º La durée du temps pendant lequel il a été domicilié dans la commune ;

2º Qu'il jouit de ses droits civils ;

3º Qu'il n'a jamais été condamné à une peine correctionnelle pour vol, escroquerie, abus de confiance ou attentat aux mœurs.

Dans le cas où le maire de la commune ne connaîtrait pas l'individu qui ferait la demande de ce certificat, il devra en constater légalement l'identité, et recueillir les preuves et témoignages qu'il jugera convenables pour arriver à la connaissance de la vérité.

### ART. 21.

Si le remplaçant a été militaire, outre le certificat du maire, il devra produire un certificat de bonne conduite du corps dans lequel il aura servi.

### ART. 22.

Le remplaçant sera admis par le conseil de révision du département dans lequel le remplacé a concouru au tirage.

### ART. 23.

Le remplacé sera, pour le cas de désertion, responsable de son remplaçant pendant un an,

à compter du jour de l'acte passé devant le préfet.
Il sera libéré si le remplaçant meurt sous les drapeaux, ou si, en cas de désertion, il est arrêté
pendant l'année.

ART. 24.

Les actes de substitution et de remplacement
seront reçus par le préfet, dans les formes prescrites pour les actes administratifs.

Les stipulations particulières qui pourraient
avoir lieu entre les contractants, à l'occasion des
substitutions et remplacements, seront soumises
aux mêmes règles et formalités que tout autre
contrat civil.

ART. 25.

Hors les cas prévus ci-après, articles 26 et 27,
les décisions du conseil de révision seront défi-
nitives.

ART. 26.

Lorsque les jeunes gens désignés par leurs
numéros pour faire partie du contingent cantonal
auront fait des réclamations dont l'admission ou
le rejet dépendra de la décision à intervenir sur
des questions judiciaires relatives à leur état ou
à leurs droits civils, des jeunes gens en pareil
nombre, suivant l'ordre du tirage, seront désignés pour suppléer ces réclamants, s'il y a lieu.
Ils ne seront appelés que dans les cas où, par
l'effet des décisions judiciaires, les réclamants
seraient définitivement libérés.

Ces questions seront jugées contradictoirement avec le préfet, à la requête de la partie la plus diligente.

Les tribunaux statueront sans délai, le ministère public entendu, sauf appel.

### ART. 27.

La disposition de l'article précédent, relative aux jeunes gens appelés conditionnellement, sera également appliquée, lorsqu'aux termes de l'article 41 ci-après des jeunes gens auront été déférés aux tribunaux comme prévenus de s'être rendus impropres au service, lorsque le conseil de révision aura accordé un délai pour production de pièces justificatives, ou pour cas d'absence, lequel délai ne pourra excéder vingt jours.

### ART. 28.

Après que le conseil de révision aura statué sur les exemptions, déductions, substitutions, remplacements, ainsi que sur toutes les réclamations auxquelles les opérations du recrutement auront pu donner lieu, la liste du contingent de chaque canton sera définitivement arrêtée et signée par le conseil de révision, et les noms inscrits seront proclamés.

Les jeunes gens qui, aux termes des articles 26 et 27, sont appelés les uns à défaut des autres, ne seront inscrits sur la liste du contingent que conditionnellement et sous la réserve de leurs droits.

Le conseil déclarera ensuite que les jeunes gens qui ne sont pas inscrits sur cette liste, sont définitivement libérés. Cette déclaration, avec l'indication du dernier numéro compris dans le contingent cantonal, sera publiée et affichée dans chaque commune du canton.

Dès que les délais accordés en vertu de l'article 27 seront expirés, ou que les tribunaux auront statué en exécution des articles 26 et 41, le conseil prononcera de la même manière la libération des réclamants ou des jeunes gens conditionnellement désignés pour les suppléer.

Le conseil de révision ne pourra statuer ultérieurement sur les jeunes gens portés sur les listes du contingent, que pour les demandes de substitution ou de remplacement.

La réunion de toutes les listes du contingent de chaque canton d'un même département formera la liste du contingent départemental.

### ART. 29.

Les jeunes gens définitivement appelés, ou ceux qui ont été admis à les remplacer, seront immédiatement répartis entre les corps de l'armée, et inscrits sur les registres matricules des corps pour lesquels ils seront désignés.

Néanmoins, ils seront, d'après l'ordre de leurs numéros et les proportions déterminées par les lois annuelles du contingent, divisés en deux classes, composées, la première, de ceux qui devront être mis en activité, et la seconde, de ceux qui seront laissés dans leurs foyers.

Les jeunes soldats compris dans la seconde classe ne pourront être mis en activité qu'en vertu d'un décret impérial.

### ART. 30 (1).

*La durée du service pour les jeunes soldats faisant partie des deux portions du contingent mentionnées dans l'article précédent est de cinq ans, à l'expiration desquels ils passent dans la réserve, où ils servent quatre ans, en demeurant affectés, suivant leur service antérieur, soit à l'armée de terre, soit à l'armée de mer.*

*La durée du service compte du 1ᵉʳ juillet de l'année du tirage au sort.*

*Les militaires de la réserve ne peuvent être rappelés à l'activité qu'en temps de guerre, par décret de l'Empereur, après épuisement complet des classes précédentes, et par classe, en commençant par la moins ancienne.*

*Ce rappel pourra être fait d'une manière distincte et indépendante pour la réserve de l'armée de terre et pour celle de l'armée de mer.*

*Les militaires de la réserve peuvent se marier*

---

(1) Article modifié par la loi du 1ᵉʳ février 1868 (art. 1ᵉʳ).

*sans autorisation dans les trois dernières années de leur service dans la réserve. Cette faculté est suspendue par l'effet du décret de rappel à l'activité.*

*Les hommes mariés de la réserve restent soumis à toutes les obligations du service militaire.*

*Le 30 juin de chaque année, en temps de paix, les soldats qui auront achevé leur temps de service dans la réserve recevront leur congé définitif (1).*

Ils le recevront, en temps de guerre, immédiatement après l'arrivée au corps du contingent destiné à les remplacer.

Lorsqu'il y aura lieu d'accorder des congés illimités, ils seront délivrés, dans chaque corps, aux militaires les plus anciens de service effectif sous les drapeaux, et de préférence à ceux qui les demanderont.

Les hommes laissés ou envoyés en congé pourront être soumis à des revues et à des exercices périodiques qui seront fixés par le Ministre de la guerre.

-----

(1) Les sept premiers paragraphes de cet article ont été substitués par la loi du 1er février 1868, aux deux paragraphes suivants :

« Art. 30. La durée du service des jeunes soldats appelés sera de sept ans, qui compteront du 1er janvier de l'année où ils auront été inscrits sur les registres matricules des corps de l'armée.

« Le 31 décembre de chaque année, en temps de paix, les soldats qui auront achevé leur temps de service recevront leur congé définitif. »

# TITRE III (1).

## Des engagements et rengagements.

### SECTION Iʳᵉ.

### *Des engagements.*

#### ART. 31.

Il n'y aura dans les troupes françaises ni prime en argent, ni prix quelconque d'engagement.

#### ART. 32.

Tout Français sera reçu à contracter un engagement volontaire aux conditions suivantes :

L'engagé volontaire devra :

1º S'il entre dans l'armée de mer, avoir seize ans accomplis, sans être tenu d'avoir la taille prescrite par la loi, mais sous la condition qu'à l'âge de dix-huit ans il ne pourra être reçu s'il n'a pas cette taille ;

2º S'il entre dans l'armée de terre, avoir dix-huit ans accomplis (2), et au moins la taille d'un

---

(1) Ce titre, qui avait été abrogé en partie par la loi du 26 avril 1855, sur la dotation de l'armée, a été expressément remis en vigueur par l'art. 2 de la loi du 1ᵉʳ février 1868, sauf les modifications apportées, par l'art. 1ᵉʳ de cette dernière loi, aux art. 33 et 36 de la loi du 21 mars 1832.

(2) Cette disposition a été modifiée par le décret-loi du 10 juillet 1848, portant que : « Tout Français âgé de

mètre cinquante-six centimètres (1) ;

3° Jouir de ses droits civils ;

4° N'être ni marié, ni veuf avec enfants ;

5° Être porteur d'un certificat de bonnes vie et mœurs délivré dans les formes prescrites par l'art. 20 ; et, s'il a moins de vingt ans, justifier du consentement de ses père, mère ou tuteur.

Ce dernier devra être autorisé par une délibération du conseil de famille.

Les conditions relatives, soit à l'aptitude militaire, soit à l'admissibilité dans les différents corps de l'armée, seront déterminées par des décrets insérés au *Bulletin des lois.*

ART. 33 (2).

*La durée de l'engagement volontaire sera de deux ans au moins.*

*L'engagement volontaire ne donnera lieu à l'exemption prononcée par le numéro 6 de l'article 13 ci-dessus, qu'autant qu'il aura été contracté pour une durée de neuf ans (3).*

---

dix-sept ans accomplis pourra être admis à contracter un engagement volontaire pour l'armée de terre. »

(1) La loi du 1er février 1868 n'a pas modifié le minimum de la taille des engagés volontaires, abaissé à 1m55 pour les jeunes soldats. Voir l'art. 13, page 40.

(2) Article modifié par la loi du 1er février 1868 (art. 1er).

(3) La loi du 1er février 1868 a substitué ces deux paragraphes à ceux de la loi du 21 mars 1832, qui étaient ainsi conçus :

Dans aucun cas, les engagés volontaires ne pourront être envoyés en congé sans leur consentement.

### ART. 34.

Les engagements volontaires seront contractés dans les formes prescrites par les art. 34, 35, 36, 37, 38, 39, 40, 42 et 44 du Code Napoléon (1), devant les maires des chefs-lieux de canton.

---

« La durée de l'engagement volontaire sera de sept ans.

« En cas de guerre, tout Français qui n'appartient à aucun contingent et qui a satisfait à la loi du recrutement, pourra être admis à contracter un engagement volontaire de deux ans. Ces engagements ne donneront pas lieu aux exemptions prononcées par les numéros 6 et 7 de l'art. 43 de la présente loi. »

(1) Art. 34 du Code Napolé n : « Les actes de l'état civil énonceront l'année, le jour et l'heure où ils seront reçus, les prénoms, noms, âge, profession et domicile de tous ceux qui y seront dénommés. »

Art. 35. « Les officiers de l'état civil ne pourront rien insérer dans les actes qu'ils recevront, soit par note, soit par énonciation quelconque, que ce qui doit être déclaré par les comparants. »

Art. 36. « Dans les cas où les parties intéressées ne seront point obligées de comparaître en personne, elles pourront se faire représenter par un fondé de procuration spéciale et authentique. »

Art. 37. « Les témoins produits aux actes de l'état civil ne pourront être que du sexe masculin, âgés de vingt et un ans au moins, parents ou autres, et ils seront choisis par les personnes intéressées. »

Art. 38. « L'officier de l'état civil donnera lecture de

Les conditions relatives à la durée des engagements seront insérées dans l'acte même.

Les autres conditions seront lues aux contractants, avant la signature, et mention en sera faite à la fin de l'acte, le tout sous peine de nullité.

### ART. 35.

L'état sommaire des engagements volontaires de l'année précédente sera communiqué aux Chambres, lors de la présentation de la loi du contingent annuel.

---

actes aux parties comparantes, ou à leur fondé de procuration, et aux témoins. Il y sera fait mention de l'accomplissement de cette formalité. »

Art. 39. « Ces actes seront signés par l'officier de l'état civil, par les comparants et les témoins, ou mention sera faite de la cause qui empêchera les comparants et les témoins de signer. »

Art. 40. « Les actes de l'état civil seront inscrits, dans chaque commune, sur un ou plusieurs registres tenus doubles. »

Art. 42. « Les actes seront inscrits sur les registres, de suite, sans aucun blanc. Les ratures et les renvois seront approuvés et signés de la même manière que le corps de l'acte. Il n'y sera rien écrit par abréviation, et aucune date ne sera mise en chiffres. »

Art. 44. « Les procurations et les autres pièces qui doivent demeurer annexées aux actes de l'état civil, seront déposées, après qu'elles auront été paraphées par la personne qui les aura produites et par l'officier de l'état civil, au greffe du tribunal, avec le double des registres dont le dépôt doit avoir lieu audit greffe. »

4

## Section II.

### *Des rengagements.*

#### ART. 36 (1).

Les rengagements pourront être reçus même pour deux ans, et ne pourront excéder la durée de cinq ans.

*Les rengagements ne pourront être reçus que pendant le cours de la dernière année de service sous les drapeaux, ou de l'année qui précédera l'époque de la libération définitive.*

*Après cinq ans de service sous les drapeaux, ils donneront droit à une haute paye.*

Les autres conditions seront déterminées par des décrets insérés au *Bulletin des lois.*

#### ART. 37.

Les rengagements seront contractés devant les intendants ou sous-intendants militaires, dans les formes prescrites par l'art. 34, sur la preuve que le contractant peut rester ou être admis dans le corps pour lequel il se présente.

---

(1) Article modifié par la loi du 1er février 1868 (art. 1er).

Le texte primitif de l'art. 36 de la loi du 24 mars 1832 portait, outre le premier et le dernier paragraphe, qui sont conservés :

« Les rengagements ne pourront être reçus que pendant le cours de la dernière année de service due par le contractant. A l'expiration de cette année, ils donneront droit à une haute paye. »

# TITRE IV.

## Dispositions pénales.

### ART. 38.

Toutes fraudes ou manœuvres par suite desquelles un jeune homme aura été omis sur les tableaux de recensement, seront déférées aux tribunaux ordinaires et punies d'un emprisonnement d'un mois à un an.

Le jeune homme omis, s'il a été condamné comme auteur ou complice desdites fraudes ou manœuvres, sera, à l'expiration de sa peine, inscrit sur la liste du tirage, ainsi que le prescrit l'art. 11.

### ART. 39.

Tout jeune soldat qui aura reçu un ordre de route et ne sera point arrivé à sa destination au jour fixé par cet ordre, sera, après un mois de délai et hors le cas de force majeure, puni, comme insoumis, d'un emprisonnement qui ne pourra être moindre d'un mois, ni excéder une année.

L'insoumis sera jugé par le conseil de guerre de la division militaire dans laquelle il aura été arrêté.

Le temps pendant lequel le jeune soldat aura été insoumis ne comptera pas en déduction des sept années de service exigées.

### ART. 40.

Quiconque sera reconnu coupable d'avoir recélé ou d'avoir pris à son service un insoumis, sera puni d'un emprisonnement qui ne pourra excéder six mois. Selon les circonstances, la peine pourra être réduite à une amende de vingt à deux cents francs.

Quiconque sera convaincu d'avoir favorisé l'évasion d'un insoumis, sera puni d'un emprisonnement d'un mois à un an.

La même peine sera prononcée contre ceux qui, par des manœuvres coupables, auraient empêché ou retardé le départ des jeunes soldats.

Si le délinquant est fonctionnaire public, employé du Gouvernement, ou ministre d'un culte salarié par l'État, la peine pourra être portée jusqu'à deux années d'emprisonnement, et il sera, en outre, condamné à une amende qui ne pourra excéder deux mille francs.

### ART. 41.

Les jeunes gens appelés à faire partie du contingent de leur classe, qui seront prévenus de s'être rendus impropres au service militaire, soit temporairement, soit d'une manière permanente, dans le but de se soustraire aux obligations imposées par la présente loi, seront déférés aux tribunaux par les conseils de révision, et s'ils sont reconnus coupables, ils seront punis d'un emprisonnement d'un mois à un an.

Seront également déférés aux tribunaux et punis de la même peine, les jeunes soldats qui, dans l'intervalle de la clôture du contingent de leur canton à leur mise en activité, se seront rendus coupables du même délit.

A l'expiration de leur peine, les uns et les autres seront à la disposition du Ministre de la guerre, pour le temps que doit à l'État la classe dont ils font partie.

La peine portée au présent article sera prononcée contre les complices. Si les complices sont des médecins, chirurgiens, officiers de santé ou pharmaciens, la durée de l'emprisonnement sera de deux mois à deux ans, indépendamment d'une amende de deux cents francs à mille francs qui pourra être prononcée, et sans préjudice de peines plus graves, dans les cas prévus par le Code pénal.

ART. 42.

Ne comptera pas pour les années de service exigées par la présente loi le temps passé dans l'état de détention en vertu d'un jugement.

ART. 43.

Toute substitution, tout remplacement effectué, soit en contravention des dispositions de la présente loi, soit au moyen de pièces fausses ou de manœuvres frauduleuses, sera déféré aux tribunaux, et sur le jugement qui prononcerait la nullité de l'acte de substitution ou de remplace-

4.

ment, l'appelé sera tenu de rejoindre son corps, ou de fournir un remplaçant dans le délai d'un mois, à dater de la notification de ce jugement.

Quiconque aura sciemment concouru à la substitution ou au remplacement frauduleux comme auteur ou complice, sera puni d'un emprisonnement de trois mois à deux ans, sans préjudice de peines plus graves en cas de faux.

### ART. 44.

Tout fonctionnaire ou officier public, civil ou militaire, qui, sous quelque prétexte que ce soit, aura autorisé ou admis des exemptions, déductions ou exclusions autres que celles déterminées par la présente loi, ou qui aura donné arbitrairement une extension quelconque, soit à la durée, soit aux règles ou conditions des appels, des engagements ou des rengagements, sera coupable d'abus d'autorité, et puni des peines portées dans l'art. 185 du Code pénal (1), sans

---

(1) Art. 185 du Code pénal : « Tout juge ou tribunal, tout administrateur ou autorité administrative qui, sous quelque prétexte que ce soit, même du silence ou de l'obscurité de la loi, aura dénié de rendre la justice qu'il doit aux parties, après en avoir été requis, et qui aura persévéré dans son déni, après avertissement ou injonction de ses supérieurs, pourra être poursuivi, et sera puni d'une amende de deux cents francs au moins et de cinq cents francs au plus, et de l'interdiction de l'exercice des fonctions publiques depuis cinq ans jusqu'à vingt. »

préjudice de peines plus graves prononcées par ce Code dans les autres cas qu'il a prévus.

### ART. 45.

Les médecins, chirurgiens ou officiers de santé qui, appelés au conseil de révision à l'effet de donner leur avis, conformément à l'art. 16, auront reçu des dons ou agréé des promesses pour être favorables aux jeunes gens qu'ils doivent examiner, seront punis d'un emprisonnement de deux mois à deux ans.

Cette peine leur sera appliquée, soit qu'au moment des dons ou promesses ils aient déjà été désignés pour assister au conseil, soit que les dons ou promesses aient été agréés dans la prévoyance des fonctions qu'ils auraient à y remplir.

Il leur est défendu, sous la même peine, de rien recevoir, même pour une réforme justement prononcée.

### ART. 46.

Dans tous les cas non prévus par les dispositions précédentes, les tribunaux civils et militaires, dans les limites de leur compétence, appliqueront les lois pénales ordinaires aux délits auxquels pourra donner lieu l'exécution du mode de recrutement déterminé par la présente loi.

Pour les délits militaires, les juges pourront user de la faculté énoncée en l'art. 595 du Code d'instruction criminelle (1).

---

(1) Art. 595 du Code d'instruction criminelle : « La

Dans tous les cas où la peine d'emprisonnement est prononcée par la présente loi, les juges pourront, suivant les circonstances, user de la faculté exprimée dans l'art. 463 du Code pénal (1).

## DISPOSITIONS PARTICULIÈRES.

### ART. 47.

Les jeunes gens appelés au service en exécution de la présente loi recevront, dans le corps auquel ils seront attachés, et autant que le service militaire le permettra, l'instruction prescrite pour les écoles primaires.

---

Cour, après la prononciation de l'arrêt, pourra, pour des motifs graves, recommander l'accusé à la commisération de l'Empereur. Cette recommandation ne sera point insérée dans l'arrêt, mais dans un procès-verbal séparé, secret, motivé, dressé en la chambre du conseil, le ministère public entendu, et signé comme la minute de l'arrêt de condamnation. Expédition dudit procès-verbal, ensemble de l'arrêt de condamnation, sera adressée de suite par le procureur général au Ministre de la justice. »

(1) Art. 463 du Code pénal : « Dans tous les cas où la peine de l'emprisonnement et celle de l'amende sont prononcées par le Code pénal, si les circonstances paraissent atténuantes, les tribunaux correctionnels sont autorisés, même en cas de récidive, à réduire l'emprisonnement, même au-dessous de six jours, et l'amende, même au-dessous de seize francs. Ils pourront aussi prononcer séparément l'une ou l'autre de ces peines, et même substituer l'amende à l'emprisonnement, sans qu'en aucun cas elle puisse être au-dessous des peines de simple police. »

### ART. 48.

Nul ne sera admis, avant l'âge de trente ans accomplis, à un emploi civil ou militaire, s'il ne justifie qu'il a satisfait aux obligations imposées par la présente loi.

## DISPOSITIONS TRANSITOIRES.

### ART. 49.

Le Français dont un frère est mort ou aura reçu des blessures qui le rendent incapable de servir dans l'armée, en combattant pour la liberté dans les journées de juillet 1830, jouira de l'exemption accordée par l'art. 13, n° 7, de la présente loi, à celui dont le frère est mort en activité de service, ou a été admis à la retraite pour blessures reçues dans un service commandé.

### ART. 50.

Toutes les dispositions des lois et décrets antérieurs à la présente loi relatives au recrutement de l'armée sont et demeurent abrogées.

# LOI DU 1er FÉVRIER 1868

SUR LE

## RECRUTEMENT DE L'ARMÉE

ET L'ORGANISATION DE LA

## GARDE NATIONALE MOBILE

---

### TITRE Ier.

#### Du recrutement de l'armée.

##### ARTICLE 1er.

Les articles 4, 13, 15, 30, 33 et 36 de la loi du 21 mars 1832 sont modifiés ainsi qu'il suit (1) :

Art. 4. Le tableau de la répartition, entre les départements, du nombre d'hommes à fournir en vertu de la loi annuelle du contingent, pour les troupes de terre et de mer, sera annexé à ladite loi.

*Les premiers numéros sortis au tirage au sort déterminé par l'article suivant formeront le contingent des troupes de mer.*

Le mode de cette répartition sera fixé par la même loi.

---

(1) Toutes les modifications sont indiquées ici *en caractères italiques.*

Art. 13. Seront exemptés, et remplacés dans l'ordre des numéros subséquents, les jeunes gens que leur numéro désignera pour faire partie du contingent, et qui se trouveront dans un des cas suivants, savoir :

1° Ceux qui n'auront pas la taille d'un mètre cinquante-*cinq* centimètres ;

2° Ceux que leurs infirmités rendront impropres au service ;

3° L'aîné d'orphelins de père et de mère ;

4° Le fils unique, ou l'aîné des fils, ou, à défaut de fils ou de gendre, le petit-fils unique ou l'aîné des petit-fils d'une femme actuellement veuve, ou d'un père aveugle ou entré dans sa soixante et dixième année.

Dans les cas prévus par les paragraphes ci-dessus notés 3° et 4°, le frère puîné jouira de l'exemption, si le frère aîné est aveugle ou atteint de toute autre infirmité incurable qui le rende impotent ;

5° Le plus âgé de deux frères appelés à faire partie du même tirage, et désignés tous deux par le sort, si le plus jeune est reconnu propre au service ;

6° Celui dont un frère sera sous les drapeaux à tout autre titre que pour remplacement ;

7° Celui dont un frère sera mort en activité de service, ou aura été réformé, ou admis à la retraite, pour blessures reçues dans un service commandé, ou infirmités contractées dans les armées de terre ou de mer.

*L'exemption accordée conformément soit au numéro 6, soit au numéro 7 ci-dessus, ne sera appliquée qu'à un seul frère pour un même cas, mais elle se répétera dans la même famille autant de fois que les mêmes droits s'y reproduiront.*

Seront néanmoins comptées en déduction desdites exemptions, les exemptions déjà accordées aux frères vivants, *en vertu des numéros 1, 2, 3, 4 et 5 du présent article.*

Le jeune homme omis qui ne se sera pas présenté par lui ou ses ayants cause, pour concourir au tirage de la classe à laquelle il appartenait, ne pourra réclamer le bénéfice des exemptions indiquées par les numéros 3, 4, 5, 6 et 7 du présent article, si les causes de ces exemptions ne sont survenues que postérieurement à la clôture des listes du contingent de sa classe.

*Les causes d'exemption prévues par les numéros 3, 4, 5, 6 et 7 ci-dessus devront, pour produire leur effet, exister au jour où le conseil de révision est appelé à statuer.*

*Celles qui surviendront entre la décision du conseil de révision et le 1ᵉʳ juillet, point de départ de la durée du service de chaque contingent, ne modifieront pas la position légale des jeunes gens désignés pour en faire définitivement partie.*

*Néanmoins, l'appelé qui, postérieurement soit à la décision du conseil de révision, soit au*

*1ᵉʳ juillet, deviendra l'aîné d'orphelins de père et de mère, le fils unique ou l'aîné des fils, ou, à défaut du fils ou du gendre, le petit-fils unique ou l'aîné des petits-fils d'une femme veuve ou d'un père aveugle, sera, sur sa demande et pour le temps qu'il a encore à servir, assimilé au militaire de la réserve, et ne pourra plus être rappelé qu'en temps de guerre.*

Art. 15. Les opérations du recrutement seront revues, les réclamations auxquelles ces opérations auraient pu donner lieu seront entendues, et les causes d'exemption et de déduction seront jugées, en séance publique, par un conseil de révision composé :

Du préfet, président, ou, à son défaut, *du secrétaire général ou* du conseiller de préfecture *délégué par le préfet;*

D'un conseiller de préfecture ;

D'un membre du conseil général du département ;

D'un membre du conseil d'arrondissement, tous trois à la désignation du préfet ;

D'un officier général ou supérieur désigné par l'Empereur.

Un membre de l'intendance militaire assistera aux opérations du conseil de révision : il sera entendu toutes les fois qu'il le demandera, et pourra faire consigner ses observations aux registres des délibérations.

Le conseil de révision se transportera dans les

dívers cantons ; toutefois, suivant les localités, le préfet pourra réunir dans le même lieu plusieurs cantons pour les opérations du conseil.

Le sous-préfet ou le fonctionnaire par lequel il aurait été suppléé pour les opérations du tirage, assistera aux séances que le conseil de révision tiendra dans l'étendue de son arrondissement.

Il y aura voix consultative.

Art. 30. *La durée du service pour les jeunes soldats faisant partie des deux portions du contingent mentionnées dans l'article précédent (1) est de cinq ans, à l'expiration desquels ils passent dans la réserve, où ils servent quatre ans, en demeurant affectés, suivant leur service antérieur, soit à l'armée de terre, soit à l'armée de mer.*

*La durée du service compte du 1ᵉʳ juillet de l'année du tirage au sort.*

*Les militaires de la réserve ne peuvent être rappelés à l'activité qu'en temps de guerre, par décret de l'Empereur, après épuisement complet des classes précédentes, et par classe, en commençant par la moins ancienne.*

*Ce rappel pourra être fait d'une manière distincte et indépendante pour la réserve de l'armée de terre et pour celle de l'armée de mer.*

*Les militaires de la réserve peuvent se marier sans autorisation dans les trois dernières années de leur service dans la réserve. Cette faculté est*

---

(1) Art. 29 de la loi du 24 mars 1832.

*suspendue par l'effet du décret de rappel à l'activité.*

*Les hommes mariés de la réserve restent soumis à toutes les obligations du service militaire.*

*Le 30 juin* de chaque année, en temps de paix, les soldats qui auront achevé leur temps de service *dans la réserve* recevront leur congé définitif.

Ils le recevront, en temps de guerre, immédiatement après l'arrivée au corps du contingent destiné à les remplacer.

Lorsqu'il y aura lieu d'accorder des congés illimités, ils seront délivrés, dans chaque corps, aux militaires les plus anciens de service effectif sous les drapeaux, et de préférence à ceux qui les demanderont.

Les hommes laissés ou envoyés en congé pourront être soumis à des revues et à des exercices périodiques qui seront fixés par le Ministre de la guerre.

Art. 33. La durée de l'engagement volontaire sera de *deux ans au moins.*

*L'engagement volontaire ne donnera lieu à l'exemption prononcée par le numéro 6 de l'article 13 ci-dessus, qu'autant qu'il aura été contracté pour une durée de neuf ans.*

Dans aucun cas, les engagés volontaires ne pourront être envoyés en congé sans leur consentement.

Art. 36. Les rengagements pourront être reçus même pour deux ans, et ne pourront excéder la durée de cinq ans.

Les rengagements ne pourront être reçus que pendant le cours de la dernière année de service *sous les drapeaux, ou de l'année qui précédera l'époque de la libération définitive.*

*Après cinq ans de service sous les drapeaux, ils donneront droit à une haute paye.*

- Les autres conditions seront déterminées par des décrets insérés au *Bulletin des lois.*

### ART. 2.

Les titres II, III et V de la loi du 26 avril 1855, relative à la dotation de l'armée (1), et les lois des 24 juillet 1860 (2) et 4 juin 1864 (3), sont abrogés.

Les substitutions d'hommes sur la liste cantonale et le remplacement sont autorisés conformément aux art. 17, 18, 19, 20, 21, 22, 23, 24, 28 et 29 de la loi du 21 mars 1832, lesquels sont remis en vigueur.

Est également remis en vigueur le titre III de la même loi, sauf les modifications apportées aux art. 33 et 36 par l'art. 1er de la présente loi.

---

(1) Voir l'annexe A, p. 95.
(2) Voir l'annexe B, p. 99 .
(3) Voir l'annexe C, p. 101.

# TITRE II.

## De la garde nationale mobile.

### SECTION I<sup>re</sup>.

*De sa composition. — De son objet. — De la durée du service.*

#### ART. 3.

Une garde nationale mobile sera constituée à l'effet de concourir, comme auxiliaire de l'armée active, à la défense des places fortes, des côtes et frontières de l'empire, et au maintien de l'ordre dans l'intérieur.

Elle ne peut être appelée à l'activité que par une loi spéciale.

Toutefois, les bataillons qui la composent peuvent être réunis au chef-lieu ou sur un point quelconque de leur département, par un décret de l'Empereur, dans les vingt jours précédant la présentation de la loi de mise en activité.

Dans ce cas, le Ministre de la guerre pourvoit au logement et à la nourriture des officiers, sous-officiers, caporaux et soldats.

#### ART. 4.

La garde nationale mobile se compose :

1° Des jeunes gens des classes des années 1867 et suivantes qui n'ont pas été compris dans le contingent, en raison de leur numéro du tirage ;

2° De ceux des mêmes classes auxquels il a été fait application des cas d'exemption prévus par les numéros 3, 4, 5, 6 et 7 de l'art. 13 de la loi du 21 mars 1832;

3° De ceux des mêmes classes qui se seront fait remplacer dans l'armée.

Peuvent également être admis dans la garde nationale mobile ceux qui, libérés du service militaire ou de la garde nationale mobile, demandent à en faire partie.

Les substitutions sont autorisées dans la famille jusqu'au sixième degré inclusivement (1); le substitué doit être âgé de moins de quarante ans et remplir les conditions prévues par la loi de 1832.

Les conseils de révision exemptent du service de la garde nationale mobile les jeunes gens compris sous les paragraphes 1 et 2 de l'art. 13 de la loi de 1832.

Les conseils de révision dispensent du service dans la garde nationale mobile :

1° Ceux auxquels leurs fonctions confèrent le droit de requérir la force publique;

2° Les ouvriers des établissements de la marine impériale et ceux des arsenaux et manufactures d'armes de l'Etat dont les services ouvrent des droits à la pension de retraite;

3° Les préposés du service actif des douanes et des contributions indirectes;

4° Les facteurs de la poste aux lettres;

---

(1) C'est-à-dire entre : 1° frères ; 2° beaux-frères ; 3° oncle et neveu ; 4° cousins germains ; 5° cousins au cinquième degré ; 6° cousins issus de germains.

5° Les mécaniciens de locomotive sur les chemins de fer.

Les conseils de révision dispensent également les jeunes gens se trouvant dans l'un des cas de dispenses prévus par l'art. 14 de la loi de 1832, par l'art. 79 de la loi du 15 mars 1850 (1) et par l'art. 18 de la loi du 10 avril 1867 (2), les jeunes gens qui auront contracté avant le tirage au sort l'engagement de rester dix ans dans l'enseignement primaire, et qui seront attachés, soit en qualité d'instituteur ou en qualité d'instituteur-adjoint, à une école libre existant depuis au moins deux ans, ayant au moins trente élèves.

La dispense ne peut s'appliquer aux instituteurs et aux instituteurs-adjoints d'une même école que dans la proportion d'une par chaque fraction de trente élèves.

Les conseils de révision dispenseront également, à titre de soutiens de famille et jusqu'à concurrence de dix pour cent, ceux qui auront le plus de titres à la dispense.

Sont exclus de la garde nationale mobile les individus désignés aux nos 1 et 2 de l'art. 2 de la loi du 21 mars 1832.

### ART. 5.

La durée du service dans la garde nationale mobile est de cinq ans.

---

(1 et 2). Voir le texte de ces deux articles à la note de la page 46.

Elle compte du 1er juillet de l'année du tirage au sort.

ART. 6.

Les jeunes gens de la garde nationale mobile continuent à jouir de tous les droits du citoyen ; ils peuvent contracter mariage sans autorisation, à quelque période que ce soit de leur service ; ils peuvent librement changer de domicile ou de résidence ; ils peuvent voyager en France ou à l'étranger, sans que le manquement aux exercices ou aux réunions résultant de cette absence puisse devenir contre eux le motif d'une poursuite.

Tout garde national mobile peut être admis comme remplaçant, dans l'armée active ou dans la réserve, s'il remplit les conditions des art. 19, 20 et 21 de la loi du 21 mars 1832. Dans ce cas, le remplacé est tenu de s'habiller et de s'équiper à ses frais comme garde national mobile.

ART. 7.

En cas d'appel à l'activité ou de réunion des bataillons de la garde nationale mobile, conformément à l'art. 3 de la présente loi, le conseil de révision réuni au chef-lieu de département ou d'arrondissement dispensera du service d'activité, à titre de soutiens de famille et jusqu'à concurrence de quatre pour cent, ceux qui auront le plus de titres à cette dispense.

Pourront se faire remplacer par un Français âgé de moins de quarante ans et remplissant les autres

5.

conditions exigées par les art. 19, 20 et 21 de la loi du 21 mars 1832, ceux qui se trouvent dans l'un des cas d'exemption prévus par les numéros 3, 4, 5, 6 et 7 de l'art. 13 de ladite loi.

Le conseil de révision statuera sur les demandes de remplacement et sur l'admission des remplaçants.

## Section II.

*De l'organisation de la garde nationale mobile. — De son instruction. — Des peines disciplinaires.*

### ART. 8.

La garde nationale mobile est organisée par départements, en bataillons, compagnies et batteries.

Les officiers sont nommés par l'Empereur, et les sous-officiers et caporaux par l'autorité militaire.

Ils ne reçoivent de traitement que si la garde nationale mobile est appelée à l'activité.

Sont seuls exceptés de cette disposition l'officier chargé spécialement de l'administration, et les officiers et sous-officiers instructeurs.

### ART. 9.

Les jeunes gens de la garde nationale mobile sont soumis, à moins d'absence légitime :

1º A des exercices qui ont lieu dans le canton de la résidence ou du domicile;

2º A des réunions par compagnie ou par bataillon, qui ont lieu dans la circonscription de la compagnie ou du bataillon.

Chaque exercice ou réunion ne peut donner lieu, pour les jeunes gens qui y sont appelés, à un déplacement de plus d'une journée.

Ces exercices ou réunions ne peuvent se répéter plus de quinze fois par année.

Toute absence dont les causes ne sont pas reconnues légitimes sera constatée par l'officier ou le sous-officier de la compagnie, qui devra faire viser son rapport par le maire de la commune, lequel donnera son avis.

Après trois constatations faites dans l'espace d'un an, le garde national mobile peut être poursuivi, conformément à l'art. 83 de la loi du 13 juin 1851 (1), devant le tribunal correctionnel, lequel, après vérification des causes d'absence,

---

(1) Loi du 13 juin 1851, art. 83 : « Après deux condamnations pour refus de service, le garde national est, au cas de troisième refus de service dans l'année, conduit devant le tribunal de police correctionnelle, et condamné à un emprisonnement qui ne peut être moindre de six jours ni excéder dix jours.

« En cas de récidive dans l'année, à partir du jugement correctionnel, le garde national est traduit de nouveau devant le tribunal de police correctionnelle, et puni d'un emprisonnement qui ne peut être moindre de dix jours ni excéder vingt jours.

« Il est, en outre, condamné aux frais et à une amende

le condamne, s'il y a lieu, aux peines édictées par ledit article.

Sont exemptés des exercices ceux qui justifient d'une connaissance suffisante du maniement des armes et de l'école du soldat.

### ART. 10.

Pendant la durée des exercices et des réunions, la garde nationale mobile est soumise à la discipline réglée par les art. 113, 114 et 116 de la section II du titre IV de la loi du 13 juin 1851 (1)

---

qui ne peut être moindre de seize francs ni excéder trente francs, dans le premier cas, et, dans le deuxième, être moindre de trente francs ni excéder cent francs.»

(1) Loi du 13 juin 1851, art. 113 : « Lorsque la garde nationale doit fournir des détachements en service ordinaire, sur la réquisition du sous-préfet, du préfet, ou en vertu d'un décret, les peines de discipline sont fixées ainsi qu'il suit : — Pour les officiers : 1° les arrêts simples pour dix jours au plus ; 2° la réprimande avec mise à l'ordre ; 3° les arrêts de rigueur pour six jours au plus ; 4° la prison pour six jours au plus. — Pour les sous-officiers, caporaux et soldats : 1° la consigne pour dix jours au plus ; 2° la réprimande avec mise à l'ordre ; 3° la salle de discipline pour six jours au plus ; 4° la prison pour six jours au plus. »

Art. 114. « Les arrêts de rigueur, la prison et la réprimande avec mise à l'ordre ne peuvent être infligés que par le chef de corps ; les autres peines peuvent l'être par tout supérieur à son inférieur, à la charge d'en rendre compte dans les vingt-quatre heures, en observant la hiérarchie des grades. »

sur la garde nationale, ainsi que par les art. 5, 81 et 83 de ladite loi (1).

---

Art. 116. « Tout garde national qui, désigné pour faire partie d'un détachement, refuse d'obtempérer à la réquisition ou quitte le détachement sans autorisation, est traduit en police correctionnelle, et puni d'un emprisonnement qui ne peut être inférieur à dix jours ni excéder trois mois ; s'il est officier, sous-officier ou caporal, il est, en outre, privé de son grade. »

(1) Loi du 13 juin 1851, art. 5 : « Les citoyens ne peuvent ni prendre les armes, ni se rassembler comme gardes nationaux, avec ou sans uniforme, sans l'ordre des chefs immédiats, et ceux-ci ne peuvent donner cet ordre sans une réquisition de l'autorité civile. »

Art. 81. « Le garde national qui vend, détourne ou détruit volontairement les armes de guerre, les munitions ou les effets d'équipement qui lui ont été confiés, est traduit devant le tribunal de police correctionnelle et puni de la peine portée en l'art. 408 du Code pénal (*Voir ci-après le texte de cet article*), sauf l'application de l'art. 463 du même Code (*Voir le texte de cet article à la note de la page* 68). — Le jugement de condamnation prononce la restitution, au profit de la commune, du prix des armes, munitions ou effets. »

Art. 83. (*Voir ci-dessus la note de la page* 83).

Code pénal, art. 408 : « Quiconque aura détourné ou dissipé, au préjudice des propriétaires, possesseurs ou détenteurs, des effets, deniers, marchandises, billets, quittances ou tous autres écrits contenant ou opérant obligation ou décharge, qui ne lui auraient été remis qu'à titre de louage, de dépôt, de mandat, ou pour un travail salarié ou non salarié, à la charge de les rendre ou les représenter,

Les peines énoncées à l'art. 113 sont applicables, selon la gravité des cas, aux fautes énumérées aux art. 73, 74 et 76 de la section I<sup>re</sup> du titre IV (1).

---

ou d'en faire un usage ou un emploi déterminé, sera puni des peines portées en l'art. 406 (*emprisonnement de deux mois au moins, de deux ans au plus, et amende qui ne pourra excéder le quart des restitutions et des dommages-intérêts dus aux parties lésées, ni être moindre de vingt-cinq francs; en outre, suivant les circonstances, interdiction, pendant cinq ans au moins et dix ans au plus, de l'exercice des droits civiques, civils et de famille*). »

(1) Loi du 13 juin 1851, art. 73 : « Est puni, selon la gravité des cas, de l'une des peines énoncées sous les numéros 1, 2, 3 et 4 de l'article précédent (*Voir ci-après le texte de l'art. 72*), tout officier qui, étant de service ou en uniforme, tient une conduite qui compromet son caractère ou porte atteinte à l'honneur de la garde nationale. — Est puni de l'une des mêmes peines, selon la gravité des cas, tout officier ou chef de poste qui commet une infraction aux règles du service, à la discipline ou à l'honneur de la garde nationale, et, notamment, qui contrevient à l'art. 5 de la présente loi. » (*Voir ci-dessus la note de la page 85.*)

Art. 74. « Est puni de la prison tout officier ou sous-officier, chef de poste ou de détachement, qui, étant de service, s'est rendu coupable : d'inexécution d'ordres reçus ou d'infractions à l'art. 6 de la présente loi (*Voir ci-après le texte de l'art. 6*) ; — de manquement à un service commandé ou d'absence du poste non autorisée ; — d'inexactitude à signaler dans les formes requises les fautes commises

La privation du grade est encourue dans les

par ses subordonnés ;— de désobéissance ;— d'insubordina-
tion ;—de manque de respect, de propos offensants ou d'in-
sultes envers les officiers d'un grade supérieur ;—de propos
outrageants envers un subordonné ou d'abus d'autorité. »

Art. 76. « Peut être puni, selon la gravité des cas, de la
réprimande, de la réprimande avec mise à l'ordre ou de la
prison pour deux jours au plus et trois en cas de récidive :
1° Tout sous-officier, caporal ou garde national coupable
d'inexécution des ordres reçus, de désobéissance, d'insubor-
dination ou de refus d'un service commandé ; — sont considérés comme services commandés, non-seulement les services commandés dans la forme ordinaire, mais encore les
prises d'armes par voie de rappel ou de convocation ver-
bale ; — 2° Tout sous-officier, caporal ou garde national de
service qui est en état d'ivresse, profère des propos offensants contre l'autorité ou tient une conduite qui porte atteinte à la discipline ou à l'ordre : — 3° Tout sous-officier,
caporal ou garde national de service qui abandonne ses
armes, sa faction ou son poste avant d'être relevé : — l'arrivée tardive au lieu de rassemblement, l'absence du poste
sans autorisation, et l'absence prolongée au delà du terme
fixé par l'autorisation, peuvent être considérés comme aban-
don du poste ; — 4° Tout sous-officier, caporal ou garde
national qui enfreint l'art. 5 de la préssote loi (*Voir ci-
dessus la note de la page* 85) ; — 5° Tout sous-officier,
caporal ou garde national dont l'armement est mal entretenu, ou qui ne fait pas son service en uniforme, dans les
communes où l'uniforme est obligatoire. »

Voici le texte des art. 6 et 72 de la loi du 13 juin 1851 :
Art. 6. « Aucun chef de poste ne peut faire distribuer
de cartouches aux gardes nationaux placés sous son com-

cas prévus aux art. 75 et 79 (1) ; elle est prononcée :

---

mandement, si ce n'est en vertu d'ordre précis ou en cas
d'attaque de vive force. »

Art. 72. « Les conseils de discipline peuvent infliger les
peines suivantes : 1° La réprimande ; — 2° La réprimande
avec mise à l'ordre des motifs du jugement ;—3° La prison
pour six heures au moins et trois jours au plus, avec ou sans
mise à l'ordre ;—4° La privation du grade, avec mise à l'ordre ; — 5° La radiation des contrôles, avec mise à l'ordre.
— S'il n'existe dans la commune ni prison spéciale pour
l'exécution des jugements du conseil de discipline, ni local
en tenant lieu, la peine de la prison est remplacée par
une amende de un franc à quinze francs au profit de la
commune du contrevenant. »

(1) Loi du 13 juin 1851, art. 75 : « Dans le cas où
l'ordre public est menacé, tout garde national qui, sans
excuse légitime, ne se reud pas à l'appel, est puni d'un
emprisonnement qui ne pourra excéder trois jours. —
Tout officier, sous-officier ou caporal est, en outre, privé
de son grade. — Le jugement est mis à l'ordre. — Le
conseil de discipline peut, de plus, prononcer contre les
condamnés la radiation des contrôles du service ordinaire
pour un temps qui n'excédera pas cinq années, et ordonner
l'affiche du jugement à leurs frais. — Tout garde national
rayé des contrôles du service ordinaire est immédiatement
désarmé. »

Art. 79. « Est privé de son grade par le jugement de
condamnation, tout officier, sous-officier ou caporal qui,
après une première condamnation, est, dans les douze

Pour les officiers, par l'Empereur, sur un rapport du Ministre de la guerre ;

Pour les sous-officiers, caporaux ou brigadiers, par l'autorité militaire.

Les officiers, sous-officiers, caporaux ou brigadiers employés à l'administration ou à l'instruction sont soumis à la discipline militaire pendant la durée de leurs fonctions.

## SECTION III.

### *De la mise en activité.*

#### ART. 11.

A dater de la promulgation de la loi de mise en activité de la garde nationale mobile, les officiers, sous-officiers, caporaux et gardes nationaux qui la composent sont soumis à la discipline et aux lois militaires. Ils supportent les charges et jouissent des avantages attachés à la situation des soldats, caporaux, sous-officiers et officiers de l'armée.

#### ART. 12.

Sont abrogées toutes les dispositions contraires à la présente loi, et spécialement le titre VI de la loi du 22 mars 1831 (1).

---

mois, puni de la prison, pour une seconde infraction, par le conseil de discipline. »

(1) Voir l'annexe D, p. 104.

Toutefois, ce conseil de révision peut exempter, comme soutiens de famille, jusqu'à concurrence de dix pour cent, ceux qui auront le plus de titres à l'exemption.

Ce conseil est présidé :

Au chef-lieu du département,

Par le préfet, ou par le secrétaire général, ou le conseiller de préfecture délégué par le préfet ;

Au chef-lieu des autres arrondissements,

Par le sous-préfet.

Il comprend en outre :

Un membre du conseil général ;

Un membre du conseil d'arrondissement ;

Un officier désigné par le général commandant le département.

En cas de partage, la voix du président est prépondérante.

Un médecin militaire est attaché au conseil de révision.

Ce conseil se transporte successivement dans les différents chefs-lieux de canton de l'arrondissement.

Toutefois, selon les localités, le président peut réunir, pour les opérations du conseil, les jeunes gens appartenant à plusieurs cantons.

## ART. 17.

La réunion des listes arrêtées par les conseils de révision des arrondissements forme la liste du contingent départemental.

Les jeunes gens faisant partie de ce contingent sont inscrits sur les registres matricules de la garde nationale mobile du département et répartis en compagnies et en bataillons d'infanterie et en batteries d'artillerie.

# ANNEXES.

## A.—Loi du 26 avril 1855.

### TITRE II. — *De l'exonération du service.*

**Art. 5.** Les jeunes gens compris dans le contingent annuel obtiennent l'exonération du service au moyen de prestations versées à la caisse de la dotation, et destinées à assurer leur remplacement dans l'armée, par la voie du rengagement d'anciens militaires.

**Art. 6.** Le taux de la prestation individuelle est fixé chaque année, sur la proposition de la commission supérieure, par un arrêté du Ministre de la guerre.

**Art. 7.** Les versements des prestations à la caisse de la dotation doivent être effectués dans les dix jours qui suivent la clôture des opérations du conseil de révision.

A l'expiration de ce délai, le conseil de révision, réuni au chef-lieu du département, prononce les exonérations sur la présentation des récépissés de versement.

**Art. 8.** Les militaires sous les drapeaux peuvent être admis à l'exonération du service par le versement d'une prestation dont le taux est fixé conformément aux dispositions des art. 5 et 6.

L'exonération est prononcée, dans ce cas, par les conseils d'administration des corps, auxquels sont présentés les récépissés de versement.

**Art. 9.** La caisse de la dotation est autorisée à recevoir au nom des jeunes gens, avant l'appel de leur classe, des versements applicables à leur exonération ultérieure du service, s'il y a lieu.

**Art. 10.** Le mode de remplacement établi par la loi du

24 mars 1832 est supprimé, si ce n'est entre frères, beaux-frères et parents jusqu'au sixième degré.

La substitution de numéros autorisée par ladite loi ne pourra également avoir lieu qu'entre frères, beaux-frères et parents jusqu'au sixième degré, concourant au tirage de la même classe et dans le même canton. (*Article substitué par la loi du 17 mars 1858. D'après le texte primitif, le remplacement n'était autorisé entre parents que jusqu'au quatrième degré, et la substitution de numéros autorisée par la loi du 24 mars 1832 avait lieu conformément aux dispositions de cette dernière loi.*)

### TITRE III. — *Des rengagements.*

Art. 11. Les rengagements sont d'une durée de trois ans au moins et de sept ans au plus.

Ils ne peuvent être contractés que par les militaires qui accomplissent leur septième année de service, soit dans l'armée active, soit dans la réserve, ou par les engagés volontaires qui sont dans leur quatrième année de service.

Leur durée est réglée de manière que les militaires ne soient pas maintenus sous les drapeaux après l'âge de quarante-sept ans. (*Article modifié par la loi du 24 juillet 1860 ; voir ci-après l'annexe* B).

Art. 12. Le premier rengagement de sept ans donne droit :

1° A une somme de mille francs, dont cent francs payables le jour du rengagement ou de l'incorporation ; deux cents francs, soit au jour du rengagement ou de l'incorporation, soit pendant le cours du service, sur l'avis du conseil d'administration du corps, et sept cents francs à la libération définitive du service ;

2° A une haute paye de rengagement de dix centimes par jour.

Tout rengagement contracté pour moins de sept ans donne droit, jusqu'à quatorze ans de service :

1° A une somme de cent francs par chaque année, payable à la libération du service;

2° A la haute paye de rengagement de dix centimes par jour.

Après quatorze ans de service, le rengagé n'a droit qu'à une haute paye de rengagement de vingt centimes par jour.

Art. 13. L'engagement volontaire après libération contracté dans les conditions prescrites par l'art. 11, et moins d'une année après cette libération, donne droit, suivant sa durée, aux avantages spécifiés par l'article précédent. (*Article modifié par la loi du 24 juillet 1860 ; voir l'annexe* B.)

Art. 14. Sur la proposition de la commission supérieure, un arrêté du Ministre de la guerre peut augmenter les allocations fixées par l'art. 12, autres que la haute paye.

Art. 15. En cas d'insuffisance du nombre des rengagements et des engagements volontaires après libération, comparé à celui des exonérations, des remplacements sont effectués par voie administrative.

Le prix de ces remplacements est à la charge de la dotation de l'armée.

Il est fixé, ainsi que le mode de paiement, par la commission supérieure, dans les formes indiquées à l'article précédent.

Art. 16. Les sous-officiers nommés officiers ou appelés à l'un des emplois militaires qui leur sont dévolus en vertu des lois et règlements, ont droit, sur les sommes allouées pour rengagements, à une part proportionnelle à la durée du service qu'ils ont accompli.

Art. 17. Les dispositions de l'article précédent sont applicables aux militaires réformés et aux militaires passant

6

dans un corps qui ne se recrute pas par la voie des appels.

Néanmoins, les sommes dues à ces derniers ne leur sont payées en tout ou en partie que sur l'avis du conseil d'administration du nouveau corps. (*Article modifié par la loi du 24 juillet 1860 ; voir l'annexe* B.)

Art. 18. Les sommes attribuées par les art. 12 et 13 aux rengagés et aux engagés volontaires après libération sont incessibles et insaisissables. En cas de mort, une part de ces sommes, proportionnelle à la durée du service, est dévolue aux héritiers et ayants cause des militaires. (*Article modifié par la loi du 24 juillet 1860 ; voir l'annexe* B.)

TITRE V.— *Dispositions générales et transitoires.*

Art. 21. Les sous-officiers, caporaux, brigadiers et soldats, qui sont actuellement sous les drapeaux, sont tenus, quels que soient leur âge et la durée de leurs services, d'accomplir le temps de leur engagement.

Les mêmes militaires qui, au jour de la promulgation de la loi, n'avaient pas encore vingt-cinq ans de service effectif, pourront être autorisés à se rengager, même quand ils seraient âgés de plus de quarante-sept ans.

Art. 22. Le règlement d'administration publique à intervenir concernant les mesures nécessaires à l'exécution de la présente loi, déterminera :

1° Les formes des demandes d'exonération et les conditions de leur admission ;

2° L'organisation de la caisse de la dotation de l'armée et de son service spécial ; le mode de remboursement et le taux de l'intérêt des sommes qui y sont déposées ; les conditions de paiement des sommes allouées aux rengagements, et les rapports financiers entre l'Etat, la Caisse des dépôts et consignations et la dotation de l'armée ;

3° Le mode d'exécution de l'art. 9 relatif aux versements faits avant l'appel ;

4° Les formes et les conditions générales des remplacements, dans le cas prévu par l'art. 15.

Art. 23. La présente loi est exécutoire à partir du 1er janvier 1856.

Toutes dispositions contraires sont abrogées à partir de la même époque.

Néanmoins, les rengagements et engagements contractés dans les conditions de la présente loi, pendant l'année 1855, compteront pour l'exonération des jeunes gens compris dans le contingent de la classe de ladite année, et donneront droit, en conséquence, aux allocations réglées par les art. 12 et 13.

Il sera pourvu aux dépenses qui résulteront, en 1855, de l'application des dispositions du paragraphe précédent, à l'aide des avances qui pourront être faites à la dotation de l'armée par la Caisse des dépôts et consignations. Ces avances seront remboursées en 1856, sur le produit des versements des prestations pour exonération du service militaire.

Les dispositions de l'art. 19 de cette loi sont applicables aux pensions de retraite, qui seront concédées en 1855, à partir de sa promulgation.

## B.—Loi du 24 juillet 1860.

Article unique. Les art. 11, 13, 17 et 18 de la loi du 26 avril 1855 sont remplacés par les suivants :

Art. 11. Les rengagements sont d'une durée de deux ans au moins et de sept ans au plus.

Ils ne peuvent être contractés que par les militaires qui accomplissent leur septième année de service, soit dans l'armée active, soit dans la réserve, ou par les engagés volontaires qui sont dans leur quatrième année de service.

La faculté de se rengager dès la quatrième année de service pourra, en vertu d'un décret impérial, être étendue à tous les militaires indistinctement. La durée des rengagements est réglée de manière que les militaires ne soient pas maintenus sous les drapeaux après l'âge de quarante-sept ans.

Art. 13. L'engagement volontaire, après libération, contracté pour une durée de deux à sept ans, dans les conditions prescrites par l'art. 11, et moins de deux ans après cette libération, donne droit, suivant sa durée, aux avantages spécifiés par l'art. 12.

Art. 17. Les dispositions de l'art. 16 sont applicables aux militaires passant dans des corps qui ne se recrutent pas par la voie des appels.

Néanmoins les sommes dues à ces derniers ne leur sont payées, en tout ou partie, que sur l'avis du conseil d'administration du nouveau corps.

Les mêmes dispositions sont applicables aux militaires réformés ou retraités ; mais ceux de ces militaires dont la réforme ou la retraite aurait été prononcée par suite de blessures reçues ou d'infirmités contractées dans un service commandé, reçoivent la totalité des sommes qui leur reviennent en vertu des actes qui les lient au service.

Art. 18. Les sommes attribuées par les art. 12 et 13 aux rengagés et aux engagés volontaires après libération, et celles attribuées aux remplacements par voie administrative, en exécution de l'art. 15, sont incessibles et insaisissables.

En cas de mort, une part de ces sommes, proportionnelle à la durée du service, est dévolue aux héritiers et ayants cause des militaires.

Toutefois, si la mort des militaires a eu lieu à la suite de blessures reçues ou d'infirmités contractées dans un service commandé, la totalité des allocations qui leur auraient été attribuées appartiendra à leurs héritiers ou ayants cause.

En cas de déshérence, les sommes dues profitent à la dotation de l'armée.

## C.—Loi du 4 juin 1864.

Art. unique. Sera dispensé et compté numériquement dans le contingent à former, le frère du militaire qui accomplit un premier rengagement ou un premier engagement volontaire de sept ans après libération, dans les conditions de la loi du 26 avril 1855.

Le rengagé ou l'engagé volontaire après libération qui accomplit un deuxième ou un troisième rengagement de sept années de service continuera à exempter son frère, conformément aux dispositions de l'art. 13 de la loi du 21 mars 1832.

Les dispenses conférées en vertu de la présente loi seront assimilées, quant à leurs effets, aux exemptions accordées par application de l'art. 13 de la loi du 21 mars 1832, en ce qui concerne les déductions prescrites par le onzième paragraphe de cet article.

## D. — Loi du 22 mars 1831.

**TITRE VI.** — *Des corps détachés de la garde nationale pour le service de guerre.*

**SECT. Ire.** — *Appel et service des corps détachés.*

Art. 138. La garde nationale doit fournir des corps détachés pour la défense des places fortes, des côtes et des frontières du royaume, comme auxiliaires de l'armée active.

Le service de guerre des corps détachés de la garde nationale comme auxiliaire de l'armée ne pourra pas durer plus d'une année.

6.

Art. 139. Les corps détachés ne pourront être tirés de la garde nationale qu'en vertu d'une loi spéciale, ou, pendant l'absence des Chambres, par une ordonnance du roi qui sera convertie en loi lors de la plus prochaine session.

Art. 140. L'acte en vertu duquel la garde nationale est appelée à fournir des corps détachés pour le service de guerre, fixera le nombre des hommes requis.



Art. 141. Lors de l'appel fait en vertu d'une loi ou d'une ordonnance, conformément à l'art. 139, les corps détachés de la garde nationale se composeront :

1° Des gardes nationaux qui se présenteront volontairement, et qui seront trouvés propres au service actif;

2° Des jeunes gens de dix-huit à vingt ans qui se présenteront volontairement, et qui seront également reconnus propres au service actif;

3° Si ces enrôlements ne suffisaient pas pour compléter le contingent demandé, les hommes seront désignés dans l'ordre spécifié dans l'art. 143 ci-après.

Art. 142. Les jeunes gens de dix-huit à vingt ans, enrôlés volontaires ou remplaçants dans les corps détachés de la garde nationale, resteront soumis à la loi du recrutement.

Mais le temps que les volontaires auront servi dans les corps détachés de la garde nationale, leur comptera en déduction de leur service dans l'armée régulière, si plus tard ils sont appelés.

Art. 143. Les désignations des gardes nationaux pour les corps détachés seront faites par le conseil de recrutement de chaque commune parmi tous les inscrits sur le contrôle du service ordinaire, et sur celui du service extraordinaire dans l'ordre qui suit :

1ʳᵉ classe. Les célibataires.

Seront considérés comme célibataires tous ceux qui, postérieurement à la promulgation de la présente loi, se marieraient avant d'avoir atteint l'âge de vingt-trois ans ;

2ᵉ. Les veufs sans enfants ;

3ᵉ. Les mariés sans enfants ;

4ᵉ. Les mariés avec enfants.

Art. 144. Pour la classe des célibataires, les contingents seront répartis proportionnellement au nombre d'hommes appartenant à chaque année, depuis vingt jusqu'à trente-cinq ans.

Dans chaque année, la désignation se fera d'après l'âge.

Pour chaque année, depuis vingt ans jusqu'à vingt-trois, les veufs et mariés seront considérés comme plus âgés que les célibataires de cette année, auxquels ils sont assimilés par l'art. 143, § 1ᵉʳ.

Dans chacune des autres classes successives, les appels seront toujours faits en commençant par les moins âgés jusqu'à l'âge de trente ans.

Art. 145. L'aîné d'orphelins mineurs de père et de mère, le fils unique ou l'aîné des fils, ou, à défaut de fils, le petits-fils ou l'aîné des petits-fils d'une femme actuellement veuve, d'un père aveugle, ou d'un vieillard septuagénaire, prendront rang, dans l'appel au service des corps détachés, entre les mariés sans enfants et les mariés avec enfants.

Art. 146. En cas de réclamations pour les désignations faites par le conseil de recensement, il sera statué par le jury de révision.

Art. 147. Ne sont point aptes au service des corps détachés :

1° Les gardes nationaux qui n'auront pas la taille fixée par la loi du recrutement ;

2° Ceux que des infirmités constatées rendront impropres au service militaire.

Art. 148. L'aptitude au service sera jugée par un conseil de révision, qui se réunira dans le lieu où devra se former le bataillon.

Le conseil se composera de sept membres, savoir :

Le préfet, président, et, à son défaut, le conseiller de préfecture qu'il aura délégué ;

Trois membres du conseil de recensement, désignés par le préfet parmi les membres des conseils de recensement des communes qui concourront à la formation du bataillon;

Le chef de bataillon,

Et deux des capitaines dudit bataillon, nommés par le général commandant la subdivision militaire ou le département.

Art. 149. Les conseils de révision apprécieront les motifs d'exemption relatifs au nombre des enfants.

Art. 150. Les gardes nationaux qui ont des remplaçants à l'armée ne sont pas dispensés du service de la garde nationale dans les corps détachés ; toutefois, ils ne prendront rang dans l'appel qu'après les veufs sans enfants.

Art. 151. Le garde national désigné pour faire partie d'un corps détaché pourra se faire remplacer par un Français âgé de dix-huit à quarante ans.

Le remplaçant devra être agréé par le conseil de révision.

Art. 152. Si le remplaçant est appelé à servir pour son compte dans un corps détaché de la garde nationale, le remplacé sera tenu d'en fournir un autre ou de marcher lui-même.

Art. 153. Le remplacé sera, pour le cas de désertion, responsable de son remplaçant.

Art. 154. Lorsqu'un garde national porté sur le rôle du service ordinaire se sera fait remplacer dans un corps détaché de la garde nationale, il ne cessera pas pour cela de concourir au service ordinaire de la garde nationale.



**Sect. III.**—*Formation, nomination aux emplois et administration des corps détachés de la garde nationale.*

**Art. 155.** Les corps détachés de la garde nationale, en vertu des art. 138 et 139, seront organisés par bataillon d'infanterie, et par escadron ou compagnie pour les autres armes. Le roi pourra ordonner la réunion de ces bataillons ou escadrons en légion.

**Art. 156.** Des ordonnances du roi détermineront l'organisation des bataillons, escadrons et compagnies ; le nombre, le grade des officiers ; la composition et l'installation des conseils d'administration.

**Art. 157.** Pour la première organisation, les caporaux et sous-officiers, les sous-lieutenants et lieutenants, seront élus par les gardes nationaux. Néanmoins, les fourriers, sergents-majors, maréchaux des logis chefs et adjudants sous-officiers, seront désignés par les capitaines et nommés par les chefs de corps.

Les officiers comptables, les adjudants-majors, les capitaines et les officiers supérieurs, seront à la nomination du roi.

**Art. 158.** Les officiers à la nomination du roi pourront être pris indistinctement dans la garde nationale, dans l'armée ou parmi les militaires en retraite.

**Art. 159.** Les corps détachés de la garde nationale, comme auxiliaires de l'armée, sont assimilés, pour la solde et les prestations en nature, à la troupe de ligne.

Une ordonnance du roi déterminera les premières mises, les masses et les accessoires de la solde.

Les officiers, sous-officiers et soldats jouissant d'une pension de retraite, cumuleront pendant la durée du service, avec la solde d'activité des grades qu'ils auront obtenus dans les corps détachés de la garde nationale.

Art. 160. L'uniforme et les marques distinctives des corps détachés seront les mêmes que ceux de la garde nationale en service ordinaire.

Le Gouvernement fournira l'habillement, l'armement et l'équipement, aux gardes nationaux qui n'en seraient pas pourvus, ou qui n'auraient pas le moyen de s'équiper et de s'armer à leurs frais.

Sect. IV. — Discipline des corps détachés.

Art. 161. Lorsque les corps détachés de la garde nationale seront organisés, ils seront soumis à la discipline militaire.

Néanmoins, lorsque les gardes nationaux refuseront d'obtempérer à la réquisition, ils seront punis d'un emprisonnement qui ne pourra excéder deux ans ; et lorsqu'ils quitteront leur corps sans autorisation, hors de la présence de l'ennemi, ils seront punis d'un emprisonnement qui ne pourra excéder trois ans.

# TABLE.